I0166549

Mitología africana

Apasionantes mitos, fábulas y leyendas de África

© Copyright 2024

Todos los derechos reservados. Ninguna parte de este libro puede ser reproducida de ninguna forma sin el permiso escrito del autor. Los revisores pueden citar breves pasajes en las reseñas.

Descargo de responsabilidad: Ninguna parte de esta publicación puede ser reproducida o transmitida de ninguna forma o por ningún medio, mecánico o electrónico, incluyendo fotocopias o grabaciones, o por ningún sistema de almacenamiento y recuperación de información, o transmitida por correo electrónico sin permiso escrito del editor.

Si bien se ha hecho todo lo posible por verificar la información proporcionada en esta publicación, ni el autor ni el editor asumen responsabilidad alguna por los errores, omisiones o interpretaciones contrarias al tema aquí tratado.

Este libro es solo para fines de entretenimiento. Las opiniones expresadas son únicamente las del autor y no deben tomarse como instrucciones u órdenes de expertos. El lector es responsable de sus propias acciones.

La adhesión a todas las leyes y regulaciones aplicables, incluyendo las leyes internacionales, federales, estatales y locales que rigen la concesión de licencias profesionales, las prácticas comerciales, la publicidad y todos los demás aspectos de la realización de negocios en los EE. UU., Canadá, Reino Unido o cualquier otra jurisdicción es responsabilidad exclusiva del comprador o del lector.

Ni el autor ni el editor asumen responsabilidad alguna en nombre del comprador o lector de estos materiales. Cualquier desaire percibido de cualquier individuo u organización es puramente involuntario.

Índice

Introducción

Empecemos con dos hechos importantes sobre África: África es enorme y muy variada. Los casi doce millones de millas cuadradas de África son suficientes para que quepan EE. UU. y China, y aún quede espacio para media Europa. (El mapa Mercator del globo, que es el que se utiliza mayoritariamente en los atlas, subestima enormemente el verdadero tamaño de África).

El paisaje africano es también increíblemente variado. Hay desiertos inmensos, como el Kalahari y el Sáhara, y una larga franja fértil llamada valle del Nilo. Hay sabanas, humedales como el delta del Okavango y altas montañas como el Kilimanjaro y el Drakensberg. Hay selvas tropicales, ricas llanuras aluviales, el dramático paisaje del valle del Rift y los Grandes Lagos. Los cuentos africanos reflejan esta variedad de paisajes y sus criaturas, así como la variedad de alimentos que crecen en las distintas regiones, como ñames, tubérculos, plátanos, mijo y arroz.

África también cuenta con una inmensa diversidad de pueblos. Hay más de seis mil grupos distintos que hablan dos mil lenguas diferentes (muchas personas son multilingües, hablan varias lenguas locales y también francés o inglés). Aunque a menudo pensamos en África como un continente virgen, a diferencia de Europa o Norteamérica, ha recibido la influencia de numerosas culturas a lo largo del tiempo. Hubo griegos y romanos en Egipto, culturas islámicas a partir de la Edad Media y el cristianismo a través de las iglesias ortodoxas copta y etíope, los misioneros del siglo XIX y los evangelistas pentecostales modernos.

A menudo, las historias tradicionales se han adaptado a una nueva cultura o religión, y los ritos tradicionales se han reconciliado con el cristianismo o el islam. Por ejemplo, muchos curanderos *sangoma* de Sudáfrica practican ritos zulúes, pero también pertenecen a una iglesia, y dicen: «Dios es Dios, pero nuestros antepasados son nuestros antepasados».

Incluso antes del siglo XX y de la llegada de las megaciudades africanas, África había desarrollado culturas urbanas como el Imperio de Malí, la ciudad-estado de Benín y culturas comerciales en el Sáhara y el Sahel. En Zanzíbar, una cultura comercial cosmopolita unía África, Arabia e India. Pero los cazadores-recolectores joisán, los ganaderos fulani y los pastores keniatas siguen viviendo de forma tradicional, aunque, en muchos casos, sus estilos de vida se ven amenazados por el desarrollo invasor y, a veces, por el cambio climático.

Aunque muchos exploradores del siglo XIX veían África como un continente atemporal y eterno en el que nada cambiaba ni se había creado civilización alguna, África ha visto surgir numerosas grandes civilizaciones, empezando por el antiguo Egipto y el reino kushita de Meroe. África albergó el reino etíope de Axum, el Imperio de Ghana, el Imperio de Malí, el Imperio songhai y la cultura cortesana de Ife. En Ife se fabricaron estatuas y cabezas talladas de gran delicadeza hace casi mil años; algunas de ellas aún se exhiben en altares, y todos los años se celebra un festival en su honor. El Gran Zimbabue fue construido por los antepasados del pueblo shona en el siglo IX y abandonado hacia 1500; el enorme Gran Recinto de piedra era el centro de una ciudad en la que vivían unas dieciocho mil personas.

Sin embargo, muchas de estas civilizaciones no sabían leer ni escribir. Los mitos y las historias se transmitían oralmente, y algunos mitos se transmitían en forma de representaciones, como los bailes de máscaras. A menudo, los cuentos y las canciones eran interactivos, con la participación del público, y transmitían lecciones morales. Los proverbios también se inmortalizaban en diseños, como los motivos textiles adinkra de Ghana, y a través de rituales como la adivinación.

El islam generalizó la alfabetización en árabe, lo que permitió escribir las historias, pero también pudo haber modificado algunos de los mitos para hacerlos más aceptables al público musulmán.

La tradición oral no era en modo alguno una batalla campal, sino que contaba con guardianes y custodios: narradores, *griots* (músicos y poetas de la corte) y miembros de sociedades sagradas. En algunos casos, los aspectos secretos y esotéricos de los mitos se guardaban celosamente de los forasteros; en otros, las historias se contaban públicamente para subrayar la importancia de un linaje o deidad. Por ejemplo, los *griots* malienses aún cantan la *Epopeya de Sundiata*, transmitida a través de la familia Kouyate que se remonta al *griot* de Sundiata Keita, Balla Fasséké, a principios del siglo XIII.

Sin embargo, rara vez una autoridad central ha intentado crear una «versión autorizada», ya que son muchos los mitos africanos que existen en formas diferentes y a veces contradictorias. Por ejemplo, en un culto, se dice que el dios Eshu Elegbara es hijo de Oggun, el dios del hierro, pero se trata de una opinión minoritaria. Según otra historia, nació de un hombre llamado Osunsun y su mujer cuando se dirigían al mercado. En otra historia, se dice que el *enfant* terrible Eshu nació milagrosamente de la anciana Ketu. Pero también es cierto que Eshu y Oggun fueron creados por Olorun, el creador. Los mitos africanos se escurren, se deslizan y se enredan.

Incluso cuando la historia es la misma, los detalles pueden variar. Existen más de cuarenta transcripciones diferentes de la epopeya de Sundiata (*African Myths of Origin*), y continuamente se crean más versiones en forma de películas o novelas, en libros infantiles e incluso en libros como este. Las grafías suelen variar y, a veces, un mito es contado por varias personas, pero con ligeros cambios en los nombres o en los acontecimientos detallados de la historia. Esto se vuelve aún más confuso con los mitos africanos que llegaron al Nuevo Mundo; los dioses nigerianos aparecen en Brasil y Cuba, por ejemplo, pero las diosas muestran una desconcertante tendencia a fusionarse con aspectos de la Virgen María. Algunos dioses adoptan atributos de santos cristianos, mientras que las diosas de los ríos tienden a convertirse en diosas del mar. Las historias de embaucadores sobre Anansi y Br'er Rabbit (Hermano Rabito en español) pasaron a formar parte de las culturas afroamericana y antillana y, en algunos casos, se adaptaron a su nuevo entorno.

Por lo tanto, no hay que esperar que todo quede bien atado. La mitología africana es un universo fluido que sigue evolucionando hasta nuestros días. Pero sus raíces se remontan muy, muy atrás. Empecemos por el principio, con la historia de cómo se creó el mundo.

Capítulo 1: Mitos africanos de la creación

El más simple de todos los mitos de la creación es que hubo un tiempo en que no había nada, y entonces un dios creó el mundo para que hubiera algo. Así lo creen los banyarwanda de Ruanda.

Pero otros mitos del origen son más complejos. En algunos casos, la creación es un proceso en varias etapas llevado a cabo por varias deidades diferentes. A menudo, el mito de la creación no solo ayuda a comprender el mundo, sino que también explica por qué existe la muerte y por qué los reinos espiritual y físico ya no son iguales.

Los senufo de Costa de Marfil cuentan cómo Kolotyolo (Kolocolo), un dios de la luz y el cielo, creó el mundo para que lo habitaran animales y entidades inmortales conocidas como los madebele. Cuando los madebele desafiaron su autoridad, Kolotyolo los desterró del cielo y creó a los seres humanos. Estos nuevos seres persiguieron a los madebele hasta el monte y se apoderaron de sus granjas y casas.

Desde entonces, los adivinos han sido necesarios como intermediarios para aplacar a los madebele y utilizarlos como mensajeros hacia y desde el mundo de los espíritus. Los senufo son exclusivamente agricultores (sus herreros, talladores de madera y fundidores de latón viven en sus aldeas, pero pertenecen a otros grupos étnicos), por lo que la distinción entre la aldea, con sus campos cultivados, y la naturaleza salvaje del monte es crucial para su concepción del mundo.

Muchos mitos de la creación explican por qué el cielo es ahora tan lejano. En Sudán se cuenta la historia de Abradi, el creador que vivía en el cielo. Al principio, el cielo estaba cerca de la tierra y era fácil ir y venir entre ambos. Pero como el cielo estaba tan cerca, la gente de la Tierra tenía que agachar la cabeza. Una mujer, enfadada por tener que agacharse para cocinar, empujó el cielo con su varilla y Abradi, enfurruñado, lo alejó todo lo que pudo.

Los efik nigerianos tienen un creador supremo similar, Abassi. Creó el mundo y luego hizo un hombre y una mujer. Pero no quería que el hombre y la mujer vivieran en la Tierra, pues temía la competencia. Cuando por fin su mujer lo convenció para que los dejara vivir en la Tierra, puso dos condiciones: debían aceptar la comida que les daba, comiendo con él todas las noches, y no debían tener hijos. Sin embargo, la mujer empezó a cultivar los campos para fabricar su propia comida y, con el tiempo, ella y su marido dejaron de comer con Abassi. También empezaron a tener hijos. Abassi temió ser olvidado.

La mujer de Abassi, Atai, que debía de sentirse responsable de su decepción, quiso encontrar una forma de asegurarse de que nunca jamás sería olvidado. Así que creó la muerte. Los hombres nunca han olvidado esto.

Resulta curioso que el pueblo dinka de Sudán tenga un mito que combina elementos de las dos historias anteriores. El creador supremo solo permitió a la mujer primordial Abuk plantar un grano de mijo al día. Sintiéndose rebelde, decidió plantar más, pero azadonó demasiado fuerte y golpeó al dios con la azada. El dios se enfadó tanto que cortó la cuerda entre el cielo y la Tierra.

El pueblo Uduk de Etiopía tiene un mito similar en el que el creador Arum creó los cielos y la Tierra y los unió con un enorme árbol, con sus raíces en la tierra y sus ramas en el cielo. Pero un día, una anciana cortó el árbol. Los humanos ya no podían visitar el cielo, y la muerte llegó al mundo. (Los asentamientos tradicionales de Etiopía y Somalia tienen árboles en su centro, y las iglesias etíopes suelen estar rodeadas de bosques amurallados, por lo que quizá no sorprenda que un árbol tenga un papel tan importante).

La mitología shona habla de Mwari, el creador; también se le llama Musikavanhu, «hacedor de personas», Mutangakavara, «existía al principio», o Dzivaguru, «el gran lago». Llenó el mundo de criaturas, y su poder aún puede verse en la generación de nueva vida y en la bendición de la lluvia. Es masculino y femenino, y une otros opuestos, como la luz y la oscuridad y la tierra y el cielo. Pero, como tantos otros dioses creadores, es distante. Nadie puede pedir ayuda a Mwari sin pasar por la intercesión de un médium espiritual poseído por los antepasados o por otros espíritus.

Curiosamente, cuando los misioneros cristianos tradujeron la Biblia al shona, utilizaron «Mwari» para designar a Dios.

Un relato mucho más complejo de la creación procede del pueblo Dogon. Hay versiones sencillas, versiones más complejas y una versión bastante esotérica que el antropólogo francés Marcel Griaule recibió de un cazador ciego y santón dogón llamado Ogotemmeli.

La versión corta afirma que Amma creó la tierra, el cielo y los espíritus Nommo antes de crear otros espíritus, animales y personas. La tierra y el cielo estaban separados por un poste de metal, y estaban muy juntos. La gente no crecía en altura y la hiena ponía sus huellas en la luna. Cuando la tierra y el cielo se peleaban, Amma tiraba el poste.

Las mujeres eran responsables de la separación del cielo y la tierra. Un día, una mujer golpeó el cielo con el mortero mientras machacaba mijo. Amma envió a un herrero a la tierra con una cadena para que enseñara a los hombres a hacer fuego. Cuando Amma se enfadó y provocó una sequía, el herrero golpeó su yunque para hacer llover.

Otra versión cuenta cómo el dios del cielo Amma creó al Nommo. El Nommo se dividió en cuatro grupos de gemelos. (Los dogon creen que los gemelos son mágicos, como gran parte de África.) Uno de los gemelos se rebeló contra Amma, y otro fue sacrificado para expiar el pecado. Su cuerpo fue desmembrado y esparcido por todo el territorio, y donde cayeron trozos de su cuerpo hay ahora santuarios.

Los antepasados no murieron, sino que se transformaron en serpientes. Sin embargo, el hijo de Lebe se convirtió en serpiente antes que su padre, rompiendo el orden natural. Como consecuencia, cuando llegó el momento de que Lebe se convirtiera en serpiente, no pudo realizar el cambio. Murió y fue enterrado. Cuando los Dogon decidieron emigrar, quisieron desenterrar los huesos de Lebe, pero, en su lugar, encontraron una enorme serpiente en la tumba; esta serpiente los condujo a la escarpadura de Bandiagara, donde viven ahora.

Existe una versión aún más compleja en la que intervienen el incesto primordial, tres palabras sagradas y muchas más historias, que fue relatada a Griaule por Ogotemmeli. También incluye la afirmación de que los dogones conocían la estrella invisible Sirio B, lo que ha sido interpretado por el autor Robert K. G. Temple como una prueba de que estaban en contacto con una civilización extraterrestre. (La mayoría de los historiadores no consideran plausible esta teoría).

Aunque Griaule ya era un experto en la vida y la religión dogon cuando mantuvo su serie de entrevistas con Ogotemmeli, basar el análisis de toda una cultura en las palabras de un hombre es como basar toda la historia del cristianismo en un único texto, como las *Confesiones* de Agustín de Hipona. No son pocos los eruditos que discrepan profundamente de algunas de las ideas de Griaule, ¡y aún más de las de Robert Temple!

Otros mitos africanos se hacen eco de la preocupación del pueblo dogón por cómo llegó la muerte al mundo. Una historia zulú cuenta cómo el creador decidió que los hombres vivieran para siempre y envió a un camaleón para darles la buena noticia. Sin embargo, al ver cómo se multiplicaban los humanos y cómo se hacían la guerra entre ellos, se lo pensó mejor. Entonces, convocó al lagarto.

—He decidido que los hombres deben morir después de todo —le dijo—. Ve y avísales.

El lagarto es rápido y el camaleón lento, así que el lagarto llegó primero. Así, los humanos nunca tuvieron una oportunidad; siempre han sido mortales.

Los bambara de África Occidental remontan la creación al sonido raíz *Yo*, que fue pronunciado en el vacío y dio origen a los creadores: Teliko, Faro y Pemba. El espíritu del agua Faro creó siete cielos y luego llovió para fertilizarlos. El espíritu del aire Teliko creó a los gemelos, que fueron los antepasados de los primeros humanos. Y Pemba creó la tierra, y de la tierra se hizo una esposa, Musokoroni.

Sin embargo, Musokoroni era un espíritu desordenado y se rebeló contra Pemba. Entre otras maldades, trajo la muerte al mundo. Finalmente, Faro tomó el relevo de Pemba como gobernante del equilibrio cósmico, ya que Pemba había sido incapaz de mantenerlo. (Otros relatos dicen que el dios supremo envió un diluvio para limpiar la tierra y Faro rescató a los humanos en su canoa).

El mito de la creación mandigá es diferente, aunque comparte algunos aspectos con el relato bambara. El creador Mangala creó un huevo, que contenía semillas y dos parejas de seres, macho y hembra. Pemba, uno de estos seres, salió del huevo y descendió a la Tierra con las semillas, que plantó. Sin embargo, la tierra era impura y estéril porque no había humedad, y utilizó su propia sangre para fertilizarla. El aspecto masculino del otro ser fue sacrificado, creando el agua; este era Faro, representado por dos siluros gemelos. Trajo consigo plantas, animales y cuatro parejas de humanos. El antepasado de los *griots* y el antepasado de los herreros descendieron entonces por separado del cielo y, finalmente, la gemela femenina de Pemba, Muso Koroni, se unió a Pemba.

Pemba siguió siendo rebelde y destructiva, más aún tras la llegada de Muso Koroni. Al final, Faro tuvo que vérselas con él. El río Níger muestra el camino que siguió hacia el escondite de Pemba en el delta.

Mucho más encantadora es la historia de la creación de Kono, de Sierra Leona. No había luz en el mundo hasta que Sa dio a los pájaros la capacidad de cantar. El sonido del canto de los pájaros trajo la luz al mundo.

La historia judía de la creación no da a Dios ninguna motivación para la creación. Dios simplemente crea. Pero los dioses creadores africanos suelen estar motivados por el aburrimiento. Los pigmeos bambuti dicen que Khvum (Khonvoum) el creador se aburría de estar solo. No había nadie que hiciera o compartiera su comida, así que llenó su bolsa de nueces nkula y las convirtió en personas.

Los bunyoro, que viven cerca del lago Victoria, también ven en el aburrimiento la motivación de la creación, aunque esta vez hay dos seres primordiales implicados. Cuentan que, al principio, había dos hermanos, Ruhanga y Nkya. Nkya se aburría, así que Ruhanga separó la tierra de los cielos e hizo el sol. La Tierra y el cielo permanecieron juntos, con Nkya viviendo en la Tierra y Ruhanga en el cielo. Nkya se quemó, así que Ruhanga hizo nubes para cubrir el sol y luego hizo la luna para que hubiera luz en la oscuridad. Nkya quería sombra, así que Ruhanga hizo árboles y arrojó agua del cielo en forma de lluvia. Pero Nkya se quejaba de que la lluvia era fría, así que Ruhanga le hizo un refugio y le enseñó a usar herramientas.

Nkya tuvo cuatro hijos. El mayor era Kantu. Los otros no tenían nombre, así que Nkya los envió a Ruhanga para que les diera nombres. Ruhanga los puso a prueba y luego nombró a los chicos Siervo, Pastor y Rey. Sin embargo, Kantu estaba enfadado porque Ruhanga no le había dado el reinado, así que los hijos se pelearon entre sí. Nkya, harto de la vida en la Tierra, volvió a vivir con Ruhanga y derribó los soportes que mantenían unidos el cielo y la Tierra.

Los yoruba tienen varias explicaciones diferentes de la creación. En primer lugar, hay una historia que cuenta cómo Orisa-nla, el creador, vivía con su esclavo Atunda en un vacío amorfo. Pero un día, Atunda, harto de ser un segundón, se rebeló contra su amo. Hizo rodar una enorme roca colina abajo. El dios se partió en una miríada de fragmentos, cada uno de los cuales se convirtió en un dios u orisha distinto.

También se cuenta que Olodumare, el ser supremo, pidió a Orisa-nla que creara un mundo con tierra mágica. Orisa-nla lo hizo, pero fue Olodumare quien insufló el alma en cada animal y humano para completar la creación.

O la historia de cómo Olorun (dios supremo) eligió a Oduduwa como su ayudante, dándole un gallo (una cría de gallo), un puñado de tierra y una nuez de palma. Oduduwa bajó del cielo en una cadena y encontró una masa de agua. Tiró la tierra para crear el suelo y luego dejó al gallo, que arañó la tierra para crear ríos, mares, colinas y valles. Después, Oduduwa plantó la nuez de palma, que creció hasta convertirse en un árbol de dieciséis ramas, cada una de las cuales representaba un reino yoruba.

Sin embargo, la creación no fue demasiado bien. Según una historia, Eshu Elegbara estaba celoso. Pensaba que Olorun lo elegiría a él para ayudar a crear el mundo y le disgustaba que Oduduwa hubiera sido elegido en su lugar. Así que emborrachó demasiado a su rival para que pudiera hacer bien el trabajo.

También hay una interesante historia yoruba que sugiere que las mujeres desempeñaron un papel mucho más importante en la creación que en el canon judeocristiano. Diecisiete *odu* (dioses) bajaron a la Tierra y trabajaron para preparar una arboleda sagrada para cada uno de ellos. Sin embargo, dejaron fuera a Osun. Se sentó en silencio, trenzándose el pelo con un peine. Como la dejaron fuera, nada de lo que hacían tenía éxito, así que volvieron al cielo y se quejaron a Olodumare de su falta de éxito. Olodumare, contándolas, solo encontró dieciséis *odu*.

— ¿Qué le ha pasado a Osun? —les preguntó y les dijo que tenían que reconocerla.

En otra historia, el dios supremo en realidad no pretende crear nada, sino que vomita el universo en la creación. Los kuba del Congo cuentan que el dios Mboom (también conocido como Bumba o Mbombo) estaba en la oscuridad y vomitó el sol, la luna, las estrellas, los animales, los pájaros, los peces y los humanos. Estos animales, a su vez, vomitaban a otros. El cocodrilo vomitó serpientes, la cabra vomitó animales con cuernos, un hombre vomitó hormigas y otro vomitó plantas.

Incluso esta historia tiene diferentes versiones. Algunos dicen que Mboom trabajó inicialmente con el dios Ngaan, pero se pelearon. Ngaan creó entonces criaturas acuáticas y dañinas, como cocodrilos y serpientes. Y hay episodios posteriores en los que los nueve hijos de Mboom, cada uno llamado Woot, crean las artes y oficios, así como el conocimiento humano. Por ejemplo, uno forja el hierro.

Si nos remontamos al antiguo Egipto, encontraremos diferentes relatos de la creación. Al parecer, con el paso del tiempo se desarrollaron o adquirieron importancia distintos mitos, a medida que las dinastías gobernantes adoptaban diferentes dioses. Los cultos locales también tenían mitos diferentes, que tuvieron que reconciliarse (o no) una vez que Egipto se unificó.

En Heliópolis, por ejemplo, el dios del Sol, Atum, escupió (o, según otros relatos, se masturbó) en el agua, lo que creó a Shu y Tefnut (aire y agua). Sus hijos fueron Geb y Nut (tierra y cielo), y sus hijos Osiris, Isis, Set y Neftis. Estos ocho dioses, junto con Atum, formaban la Enéada o Gran Nueve.

Pero en Hermópolis era la Ogdóada: ocho dioses, o más bien cuatro pares de deidades masculinas y femeninas. Los dioses tenían cabeza de rana y las diosas de serpiente. La Ogdóada habitaba en las aguas primitivas. La unión de la Ogdóada creó el montículo del que emergió el sol, Ra, para iluminar el mundo. La Ogdóada se parecen a otros múltiples africanos como los Nommo y los Woot, y al igual que ellos, la Ogdóada no se distinguen de ninguna manera, aunque esto no ha impedido que los estudiosos intenten atribuirles funciones diferentes.

En Tebas (la actual Lúxor), fue Amón quien creó el universo. Su llamada rompió el silencio y, a su grito, surgió el montículo primigenio, junto con la Ogdóada y el panteón de los dioses. (El sacerdocio de Amón asumió cuidadosamente la tradición de Hermópolis, pero colocó a su dios en la cima).

En Menfis, Ptah era el dios creador. Se decía que había «diseñado el mundo en su corazón», según un himno, y que lo había hecho realidad hablándolo en voz alta.

También se cuenta que Ra, el dios del Sol, existía solo en un vacío acuoso. Surgió el montículo de Benben (más tarde visto como una pirámide), con una flor de loto de la que Ra salió. Entonces creó las deidades del aire (dios Shu) y del agua (diosa Tefnut) mediante la unión con su propia sombra. Creó la vida pronunciando el nombre secreto de cada planta y animal. Los humanos fueron creados a partir de sus lágrimas y sudor.

Los mitos de Atum y Ra se reconciliaron con el de Ptah mediante la idea de que Ptah había creado a Atum y Ra a través de su pensamiento original. Esto parece típico de otros mitos africanos, ya que hay diferentes niveles del creador, con un dios creador original más distante que delega gran parte del trabajo específico de la creación en dioses menores.

Por cierto, Atum también es el dios de los finales. En los *Textos de los sarcófagos* del primer periodo intermedio, bastante temprano en la historia egipcia, le dice a Osiris que después de un millón de años, el universo volverá al estado de las aguas primordiales. Solo él y Osiris, de entre todos los dioses, permanecerán, haciéndolo en forma de serpientes de agua.

En todos estos mitos, el estado original del ser es el agua primigenia. Eso parece apropiado para Egipto, una tierra cuya existencia misma se basaba en la crecida del Nilo. Pero ¿cuál de estas historias es la correcta? A los egipcios no parece haberles preocupado demasiado; sus historias eran tan fluidas como el propio Nilo.

Pero muchos mitos africanos aceptan que hay más de una forma de explicar la creación. Por ejemplo, los fang de Camerún dicen que el primer ser, Mebege, creó el mundo, pero también dicen que el mundo fue creado por una araña que vino del cielo en su propia tela de araña. Puede que para nosotros no tenga sentido, pero para ellos sí.

Capítulo 2: Dioses y diosas I

África tiene una gran variedad de dioses y diosas, y así ha sido durante los últimos cinco milenios, al menos. Los primeros dioses que podemos identificar definitivamente en África son los del antiguo Egipto. Hay más de 1.500 de ellos, algunos ampliamente venerados y otros restringidos a una sola localidad. A menudo (aunque no siempre) tienen cabezas de animales sobre cuerpos humanos. También se suelen presentar en forma de un conjunto definitivo de mitos, pero en realidad la mitología egipcia se desarrolló con el tiempo, y las distintas localidades tenían versiones diferentes. El Alto y el Bajo Egipto, que originalmente eran reinos separados, a menudo tenían deidades o dioses distintos con diferentes énfasis o diferentes atributos.

Algunos dioses se identificaban con un lugar concreto, como Montu en Tebas, Sobek el dios cocodrilo en Kom Ombo (donde hay una impresionante colección de cocodrilos momificados en el museo del templo) y en Fayún, y Jnum el dios con cabeza de carnero en Elefantina. (Montu fue finalmente degradado por Amón como dios principal en Tebas, siendo descrito como hijo de Amón y la diosa Mut).

El primer dios egipcio bien documentado es Ra o Re, el dios del Sol. Aparece en inscripciones del Reino Antiguo de la V Dinastía, tras la construcción de las pirámides de Guiza. A menudo se representa a Ra como un halcón que lleva el disco solar en la cabeza o simplemente como un disco solar. Se dice que fue el primer faraón de Egipto.

Como dios del sol, Ra transporta el sol en su barca solar (nave) durante su viaje diario por el cielo y luego por el horizonte (*akhet*) hacia el inframundo (Duat) al atardecer. Emerge de nuevo al amanecer tras una noche de lucha con Apep, la serpiente del inframundo.

Más tarde, Ra se fusionó con otros dioses, existiendo dioses como Amón-Ra, Ra-Atum y Ra-Horakhty (fusionado con Horus, otro dios con cabeza de halcón). Tenía como manifestaciones matutinas y nocturnas a Jepri (escarabajo) y Jnum (carnero).

Amón era un dios creador y el dios patrón de Tebas. Su culto cobró importancia en el Reino Nuevo con la XVIII dinastía, que estableció su capital en Tebas y amplió enormemente el templo de Amón en Karnak. Amón aparece con la piel azul y se lo asocia con el aire. Es trascendental y autocreado. Su nombre significa «oculto» o «invisible». Entre sus títulos se incluyen señor de la verdad, padre de los dioses, hacedor de los hombres, creador de todos los animales, señor de las cosas que son y creador del bastón de la vida.

Ptah aparece como un hombre momificado de rostro verde y forma parte de la tríada de Menfis, junto con su esposa, Sekhmet, con cabeza de león, y su hijo, Nefertem[1]. Ptah, como creador, incuba la idea del mundo y es capaz de manifestarla pronunciándola, lo que lo convierte en un dios venerado por los artesanos. De hecho, es un buen padre para un arquitecto, ya que simboliza la transformación de los planes mentales en realidad física.

Más adelante en la historia de Egipto, el dios Osiris adquirió importancia, junto a su esposa Isis y su hijo Horus. Osiris es específicamente un dios faraónico; el faraón se convierte en Osiris cuando muere, y muchos templos mortuorios de faraones incluyen estatuas del faraón-como-Osiris, por ejemplo en Abu Simbel. Originalmente, Osiris era venerado en Abidos, que fue una importante necrópolis real muy al principio de la historia egipcia, junto con Anubis, el dios con cabeza de chacal.

Osiris es el dios de la muerte, con el título de «Señor del Silencio» (es decir, del inframundo), pero también es un dios de la fertilidad. Su piel verde simboliza la putrefacción y el verde del crecimiento. Se lo representa con la barba postiza de un faraón y con los brazos cruzados, sosteniendo un báculo y un mayal.

---

[1] El sabio Imhotep, autor de la magnífica pirámide escalonada y del complejo funerario de Zoser, acabó convirtiéndose en un dios. Como procedía de Menfis, surgió la idea de que era otro hijo de Ptah.

La historia de Osiris es una historia de muerte y resurrección. Fue asesinado por su malvado hermano Set (o Seth), que lo cortó en pedazos y los esparció por todo Egipto. Esto, según el pensamiento egipcio, habría impedido que Osiris pudiera ir al más allá. Sin embargo, Isis, la esposa de Osiris, viajó por todo Egipto para encontrar los trozos de su cuerpo. Consiguió revivir el cadáver y se quedó embarazada, dando a luz a Horus.

Las pequeñas figuras de Osiris se rellenaban con tierra y luego se plantaban con trigo y se regaban. Una de ellas se encontró en la tumba de Tutankamón. Estas figuras simbolizaban la nueva vida.

Isis, la esposa de Osiris, era la madre de Horus y del faraón. Incluso se muestra al faraón Seti I siendo amamantado por Isis en su templo de Abidos, y otros faraones también se mostraban de este modo. Isis lleva un trono en la cabeza y es, en cierto modo, una personificación del trono, un símbolo del poder de la realeza.

Durante el periodo ptolemaico y con los romanos en el dominio, el culto a Isis se popularizó fuera de Egipto, ya que se la consideraba una de las diosas madre más importantes. En un himno de este periodo, se la describe como la creadora «por lo que su corazón concibió y sus manos crearon»[2].

Set, hermano de Osiris, era el dios de las tormentas, los desiertos y el desorden. Egipto se dividía en la Tierra Negra y la Tierra Roja: tierra fértil y desierto. Set era el señor de la Tierra Roja. Sin embargo, también tenía un papel positivo, ya que acompañaba a la barca de Ra durante la noche para protegerlo de la serpiente Apep. Set era el padre de Anubis, el juez del inframundo. Pocos relieves muestran a Set, pero cuando aparece, se lo muestra de negro, con una cabeza de animal de orejas chatas y cola bífida.

Horus vengó a su padre, Osiris, y expulsó a Set de Egipto, convirtiéndose en faraón. Representado como un halcón o como un hombre con cabeza de halcón, Horus era un dios del cielo asociado con la realeza y la curación. Su templo de Edfu tenía una azotea para rituales del cielo y estrechas escaleras por las que se subía al ídolo dorado del dios para «recargarse».

El faraón gobernante era visto como una manifestación de Horus, y uno de sus nombres oficiales era conocido como el «nombre de Horus».

---

[2] Žabkar, Louis V. "Hymns to Isis in Her Temple at Philae". Brandeis University Press. 1988.

En algunos relatos antiguos, se menciona a Horus como hijo y ayudante de Ra. Otras inscripciones dicen que era hijo de Nut y Geb (la tierra y el cielo), lo que lo convertiría en hermano y no en hijo de Isis y Osiris. Sin embargo, en la época ptolemaica, la versión de Osiris se había convertido en definitiva.

Isis encargó a Horus que protegiera al pueblo de Egipto contra Set, expulsado del trono egipcio. En otras palabras, se le encargó proteger la tierra fértil y el orden civilizado contra el desierto estéril y los bárbaros nómadas. Es probable que la historia de esta lucha represente las primeras luchas de poder entre diferentes reinos menores. Horus se asocia a menudo con el Bajo Egipto (el delta del Nilo y El Cairo), mientras que Set se asocia con el Alto Egipto (el resto del valle del Nilo).

Estos eran los principales dioses egipcios; había muchos otros, pero normalmente se consideraban menos importantes. Thot, representado normalmente con la cabeza de un ibis, pero a veces con la cabeza de un babuino, era el hijo de Set. Era el dios de la luna, la sabiduría, los escribas y la palabra escrita. Junto con su esposa Ma'at, se encuentra en la barca solar de Ra. Thot era considerado un mago y el juez de los muertos. En muchos sentidos, Thot representaba el equilibrio, y Ma'at la verdad, el orden y la ley. De hecho, la palabra Ma'at significa medida u orden.

Ma'at aparece a menudo como una figura diminuta que acompaña a un rey o como un jeroglífico. Lleva una sola pluma en la diadema. Su tarea consistía en regular las constelaciones en el cielo y las estaciones en la Tierra. Su pluma era importante porque servía para equilibrar la balanza de la Duat cuando se pesaban las almas de los muertos. Los reyes a menudo utilizaban su nombre como parte de su nombre real. Por ejemplo, Ramsés II tomó el nombre de Usermaatre Setepenre (la Ma'at de Ra es poderosa, elegida de Ra), mientras que su padre Seti I tomó el nombre de Menmaatre (la Ma'at de Ra está establecida).

Ma'at fue la primera deidad creada por Ra. Era tarea del rey mantener la Ma'at (justicia o, más generalmente, el orden) en los reinos dobles de Egipto. Así que, aunque no se le preste mucha atención en la mayoría de los libros de mitología egipcia, Ma'at era en realidad un dios muy importante.

Anubis, el dios del inframundo con cabeza de chacal, es siempre de color negro, que era un color auspicioso en Egipto y simbolizaba la regeneración, como el suelo fértil del valle del Nilo. En el Reino

Antiguo, Anubis era el dios más importante de los muertos, pero con el tiempo Osiris adquirió más importancia. Anubis se convirtió en el patrón de la momificación y en un psicopompo (aquel que conduce el alma del muerto al inframundo). Cuando Set se transformó en un leopardo furioso para atacar a Osiris, Anubis cogió una barra de hierro caliente y marcó la piel de Set; así es como el leopardo obtuvo sus manchas y también es la razón por la que los sacerdotes que celebraban ritos funerarios llevaban pieles de leopardo.

Hathor era una diosa importante. A veces se la representaba como una vaca y otras como una mujer con orejas de vaca, cuernos de vaca y un disco solar. Era la diosa del sol, la sexualidad y la música. En su culto se utilizaba el sistro tintineante. (También se utiliza intrigantemente en el culto de la Iglesia etíope).

Hathor es conocida como el Ojo de Ra y es la contraparte divina de la reina (o gran esposa, para darle el título egipcio). Se decía que era la consorte de Ra y la madre (o consorte) de Horus. Como Ojo de Ra, tenía un aspecto iracundo, cumpliendo las órdenes de Ra.

En una historia, Ra envía a Hathor para castigar a los humanos por rebelarse contra él. En su ira, se convierte en la diosa con cabeza de león Sekhmet y masacra a miles de personas. Al ver esto, Ra decide salvar al resto de la humanidad. Para ello, tiñe la cerveza de rojo para que parezca sangre. Sekhmet, sedienta de sangre, bebe la «sangre», se emborracha y se desmaya. Mientras duerme, vuelve a convertirse en la pacífica Hathor.

Jnum, un dios con cabeza de carnero, estaba asociado con el agua y la procreación. Se decía que moldeaba niños humanos a partir del limo del Nilo y los colocaba en el vientre de sus madres. Era venerado en la isla de Elefantina (Asuán) junto con su consorte, Satis, y su hija, Anuket. Jnum era el guardián de las fuentes del Nilo.

Tauret era una diosa muy popular, aunque no tenía un estatus elevado. Era la diosa de los hipopótamos y la protectora de las mujeres en el parto. (Es lógico, ya que los hipopótamos son madres muy protectoras.) Se han encontrado muchos amuletos de Tauret, que habrían dado confianza a muchas mujeres cuando se acercaba la fecha del parto.

Por último, Atón era originalmente un atributo de Ra, el disco solar que llevaba en la cabeza. Sin embargo, con Akenatón y sus sucesores inmediatos, Atón se convirtió en un dios trascendente. Ya era venerado bajo Amenhotep III, pero Akenatón hizo su culto obligatorio y exclusivo. Los templos de Atón, a diferencia de los oscuros santuarios de otros dioses, estaban al aire libre, y Atón no se mostraba como un ser humano, sino como un simple disco, que a veces extendía múltiples rayos que terminaban en manos en señal de bendición. Tanto si la abstracción de este dios era demasiado para los egipcios como si la familia de Akenatón perdió una lucha de poder contra el sacerdocio de Amón, Atón no perduró. Los dioses regulares fueron restablecidos poco después de la muerte de Akenatón.

Nubia, más al sur del valle del Nilo, formó parte de Egipto. En un momento dado, Nubia proporcionó a Egipto una dinastía de faraones (los kushitas o faraones negros). No es de extrañar que la religión nubia estuviera muy influenciada por la egipcia, ya que ambas religiones compartían muchos de los mismos dioses. Por ejemplo, Amón era venerado en la capital kushita de Napata, y Mut (una diosa madre) era especialmente popular.

También había una serie de dioses específicamente nubios. Dedwen, o Dedun, era el dios de las cuatro direcciones y del incienso. Bajo los kushitas, se unió a Osiris. Apedemak, con cabeza de león, fue especialmente popular en el periodo meroítico (300 a. e. c.-350 e. c.), cuando los nubios intentaron deshacerse de las influencias egipcias en su cultura. Era el dios de la guerra y la realeza.

En el Cuerno de África, Axum (Etiopía) es hoy una de las principales sedes de la Iglesia etíope, pero antes de la conversión al cristianismo en el siglo IV, Axum tenía su propia religión. Solo se dispone de información fragmentaria, pero parece que la religión de este primitivo imperio era originalmente una religión semítica similar a las religiones paganas del sur de Arabia. La tríada original del sol, la luna y Venus se modificó ligeramente en Axum y se convirtió en mar, tierra y Venus (Behr, Medr y Ashtar). También había un dios de la guerra llamado Mahram, que era específicamente el protector del gobernante aksumita. Así que, en cierto modo, los mitos aksumitas no eran «africanos», sino de Oriente Próximo. (Más tarde, Arabia ejercería una influencia mucho más profunda en África a través de la expansión del islam).

Los bereberes o, para darles su nombre propio, los imazighen son hoy mayoritariamente musulmanes, pero la arqueología ha encontrado vestigios de sus creencias originales. El culto a los antepasados era una parte fundamental de su religión. A menudo, pasaban la noche en las tumbas, donde creían tener sueños que predecían el futuro[3].

El historiador griego Heródoto menciona que los bereberes adoraban al sol y a la luna, y san Agustín de Hipona dice que adoraban a las rocas. Parecen haber sido un pueblo ecléctico e incluso urraca, tomando dioses de Egipto y más tarde de Grecia y Roma.

Algunos ghaneses siguen practicando la religión akan del pueblo ashanti de Ghana, aunque el país es mayoritariamente cristiano. Muchas personas mezclan algunos aspectos de la religión y el pensamiento akan con una creencia cristiana profesada.

Los ashantis creen que el dios supremo, Nyame, creó el mundo, pero ya no está involucrado en él. Tiene otros dos nombres —Onyankopon Kwame y Odomankoma— y a veces se lo ha confundido con la Trinidad cristiana. Sin embargo, es un dios único con tres aspectos, no tres divinidades interrelacionadas.

La consorte de Nyame es la madre tierra Asase Yaa o Afua. Es la madre de la tierra y la madre de los muertos, por lo que tiene dos aspectos diferentes, uno como anciana y otro como una hermosa joven. A Asase Yaa se la venera en campo abierto, no en templos.

Hay varias historias sobre por qué Nyame se retiró de la tierra. Una dice que le molestó que alguien machacara ñame y subió de nuevo al cielo. Asase Yaa intentó llegar hasta él haciendo una torre de morteros, pero la torre se derrumbó. Nyame y su esposa han estado separados desde entonces, al igual que la tierra y el cielo.

De importancia más directa en la religión akan son los abosom, las deidades inferiores, que son similares a los lwa (loa o loi) del vudú o a los orishas de la religión yoruba. Entre ellos se encuentran el dios del río Tano, el dios del trueno Bobowissi y el dios de los arbustos Bia. Anansi, la araña, es otro de los dioses inferiores.

Por debajo de los dioses están los distintos espíritus. Están los espíritus de los árboles, los espíritus de los animales y los espíritus que animan los amuletos. Por debajo de estos, pero de gran importancia para los individuos, están los espíritus de los antepasados, Nsamanfo. Se los venera, a menudo derramando libaciones sobre sus tumbas, y pueden ser una fuente de consejo o ayuda, pero solo para su propio

---

[3] Su uso de las tumbas como centros de culto puede haber dejado huella en el culto a los morabitos, santos musulmanes, cuyas tumbas visitan a menudo los fieles y que es específico del norte y oeste de África.

linaje (excepto en el caso de los antiguos reyes, cuyo reino entero es su «familia»).

Los dogon reconocen a Amma, el dios del cielo, pero está alejado de ellos. Más relevantes para la vida cotidiana son los espíritus primordiales conocidos como Nommo y Lebe, el primer antepasado y el primer hombre que murió. Lebe, como una enorme serpiente, condujo a los Dogon a su hogar en la escarpa de Bandiagara. Se les rinde culto mediante sacrificios.

Algunos dioses son de naturaleza dual. Los efik se refieren a Abassi Onyong (el dios de arriba) y Abassi Isiong (el dios de abajo), y los lugbara de Uganda, Sudán y el Congo tienen dos dioses similares: Adroa y Adro. Adroa es el dios trascendente del cielo, mientras que Adro es un dios de la tierra y, como el «Adro malo», está asociado con la muerte. Los hijos del Adro malo son espíritus que siguen a la gente por la noche; nunca se debe mirar hacia atrás cuando se camina de noche, o pueden matarnos.

El hecho de que el dios supremo esté tan alejado del mundo hace necesario contar con adivinos o sacerdotes que tiendan puentes mediante sacrificios o a través de visiones y trances. Los turkana de Kenia creen que el contacto entre Akuj y el pueblo solo puede hacerse a través de un adivino llamado *emuron*. Todos los adivinos proceden del mismo clan, aunque el cargo no es hereditario. Akuj es el proveedor de la lluvia y tiene un doble aspecto, ya que es a la vez un dios benévolo que trae la lluvia para fertilizar los cultivos y un dios peligroso que trae los truenos, los relámpagos y las inundaciones.

Capítulo 3: Dioses y diosas II

Uno de los panteones más complejos y desarrollados de la mitología africana es el de los orishas del pueblo yoruba. Muchos de sus dioses también son conocidos fuera de África, ya que, junto con los dioses akan, su conocimiento cruzó el Atlántico con los esclavos. Son conocidos en vías espirituales del Nuevo Mundo como el candomblé y el vudú. En cierto modo, el panteón yoruba rellena el eslabón perdido entre el lejano dios creador y las deidades subsidiarias que se ocupan de la vida en la tierra, lo que lo convierte en una creación teológicamente compleja.

También es un panteón fluido. Algunos dioses tienen nombres diferentes en distintas zonas de tierra Yoruba, así como nuevos nombres en América. En algunas tradiciones, la diosa Olokun es masculina. Las distintas sociedades religiosas cuentan historias diferentes sobre los dioses y les asignan tareas distintas. Por eso es difícil condensar el panteón yoruba en una estructura rígida. No obstante, aunque los detalles difieren, la forma general del panteón es la misma, sea quien sea el que cuenta la historia.

Olorun u Olodumare es el dios creador y principal impulsor que infundió al mundo *ase*, o fuerza vital. Como otros dioses creadores, se ha retirado del mundo. Su descendiente, Orisa-nla, es el hacedor que creó la parte física del mundo para que Olodumare le diera vida.

Orunmila, el dios del destino, estuvo presente en la creación y conoce todo lo que es y lo que será. Es el dios de la sabiduría y se encarga de la adivinación. Osanyin es el dios de las hierbas medicinales y la curación, y Oggun es el dios del hierro, el acero y la guerra. Se hacen juramentos con un machete en nombre de Oggun, y es el patrón de cazadores, herreros y guerreros. En la actualidad, se ha convertido en el dios de taxistas y camioneros.

Shango es un dios iracundo y enérgico que crea el trueno y el relámpago. También es un antepasado real de los yoruba y el más temido de los dioses yoruba, por lo que siempre se lo invoca en la coronación de los reyes yoruba. Aunque la dama Oshun estaba casada con Orunmila y compartía con él el patronazgo de la adivinación, se enamoró de Shango en un festival de tambores y se convirtió en su tercera y más favorecida esposa.

Un dios importante es Eshu, mediador entre el creador Olodumare y su mundo. Informa a Olodumare de lo que ocurre en la Tierra y comprueba que se hagan los sacrificios adecuados. Siempre ocupa un lugar en un santuario yoruba, independientemente del dios al que esté consagrado. Eshu también es un embaucador, aunque suele tener una razón para sus trucos. Por ejemplo, sus trucos muestran a la gente que su comportamiento no es el correcto.

Oshun es la diosa del río y una mujer seductora, rica y generosa. Le regalan pulseras y adornos de latón en Nigeria, donde antaño era un metal caro e importado. En América, donde el latón no es tan valioso, se le da oro. Su color es el amarillo. Oshun representa los poderes curativos del frescor y el agua, y se la venera en una arboleda sagrada a orillas de su río. También es la diosa del amor y el placer.

A veces, Oshun es conflictiva. Una vez se negó a hacer sacrificios, así que Eshu le vendió tres muñecas llenas de magia que las hacían bailar. Ella le dio todo el bronce que tenía para comprar las muñecas, pero cuando llegó a casa, descubrió que Eshu le había quitado la magia. Las muñecas no eran más que madera. De algún modo, el dinero nunca le dura mucho a Oshun, pero siempre se las arregla para conseguir más; como el río, siempre está fluyendo.

A veces también es imprudente, por no decir otra cosa. En la ciudad de Oro, Oshun tenía tantos hijos que en su casa no había sitio para sentarse. Sin embargo, está dispuesta a hacer todo lo posible para defender a su pueblo. Cuando la ciudad de Ido fue asediada por los enemigos y se llevaron a la gente como esclavos, Oshun rescató a su pueblo. No conocían el camino de vuelta a Ido, así que Oshun se convirtió en un río y volvió Ha ido, arrastrando a la gente por el agua.

Yemoja es otra diosa del agua, la deidad del río Oggun. También es la patrona de las mujeres embarazadas. Mientras que Oshun es coqueta y sexy, Yemoja es madre. Su nombre significa «madre de los niños pez» y es la madre de todos los orishas. A veces se la muestra como una sirena, aunque en Nigeria es estrictamente una diosa del río y cede el mar al dios Olokun. En Cuba y Brasil, en cambio, Yemoja se ha convertido en la diosa del mar. Su color en Yorubalandia suele ser blanco; en el Caribe y América, azul claro.

El panteón yoruba cuenta con más de mil divinidades. Según algunas fuentes, el número asciende a seis mil. Algunos de estos dioses son locales, como las diosas de los distintos ríos: Oya (el río Níger), Yemoja (el río Oggun) y Otin. Algunos son seres humanos divinizados; puede tratarse de gobernantes de ciudades-estado o personas que hicieron grandes cosas, como Moremi, la mujer que salvó la ciudad de Ife. No queremos faltar al respeto a los dioses que se han omitido, pero el espacio es limitado.

Los igbo, que viven alrededor del río Níger en el sur de Nigeria, profesan la religión odinani. Chukwu es su dios creador supremo, pero como suele ocurrir en las religiones africanas, se lo considera un dios distante que no se ocupa mucho de los asuntos del mundo. Su hija, Ala, es una diosa de la tierra y de la fertilidad. También es la soberana del inframundo, así como la madre y reina de los antepasados. Esta combinación de funciones de fertilidad e inframundo no es inusual en la mitología africana y es otra forma en que muchas diosas africanas (y algunos dioses, como Osiris) tienen aspectos duales.

Los dioses pueden ser peligrosos. Ala suele ser benévola, pero puede volverse violenta si se la ofende. Vela por la justicia y la moralidad, y puede infligir graves castigos. Su emblema es la pitón real, muy respetada por los igbo. A las pitones se les permite vagar por donde quieran, incluso en las aldeas y hasta en las casas. Si una muere por accidente, recibe un funeral apropiado.

El naturalista J. A. Skertchly, en el relato de sus viajes a Dahomey, habla de la «casa fetiche» donde vivían las pitones reales. Si alguien mataba a una pitón, aunque fuera por accidente, lo metían en una cabaña a la que prendían fuego. Si el hombre intentaba salvarse huyendo de las llamas, las mujeres que custodiaban el santuario lo apaleaban hasta matarlo. Cualquiera que se encontrara una pitón por la calle debía adorarla vertiendo vino de palma en el suelo, y si una pitón se arrastraba hasta un bebé, el niño era entregado a la serpiente como su nuevo sacerdote y criado en el templo. En resumen, las pitones dirigían el lugar.

Los agbara o arusi son espíritus menores que representan fuerzas naturales. Amadioha aparece a veces como consorte de Ala y es el dios del trueno y el relámpago. Al igual que Ala, es un dios que hace justicia a los malhechores, ya sea con rayos o enviando un enjambre de abejas tras ellos. Su color es el rojo y suele aparecer como un hombre de piel clara y alto rango. Aporta riqueza a sus devotos personales y a menudo se le reza para obtener reparación, ayuda contra la infertilidad y mejora material.

Ikenga es un dios con cuernos, y en muchos hogares igbo hay una estatua suya. La imagen de Ikenga representa el poder de alcanzar el éxito. Mientras un estadounidense lee libros de autoayuda para salir adelante, un igbo hace sacrificios por su Ikenga (y a veces por el suyo)[4]. Ikenga es también el patrón de los herreros y la industria.

Sin embargo, no siempre se respeta a Ikenga. La relación entre dioses y humanos es diferente de la sumisión a Dios que se espera en las religiones abrahámicas. Ikenga tiene que trabajar para mantenerse; de lo contrario, es probable que la gente diga: «¡Si el Ikenga no trabaja, que lo corten para leña!».

Njoko Ji es el dios del ñame. No es una tarea sin importancia, ya que el ñame es uno de los principales alimentos en Igbolandia, y el Festival del Nuevo Ñame es uno de los principales acontecimientos del año. Aunque hoy en día la mayoría de los igbo son cristianos, se siguen celebrando festivales igbo como la Fiesta del Nuevo Ñame (Iri ji) y los bailes de máscaras. A veces, se tratan como «tradiciones» más que como religión para conciliarlas con la fe cristiana.

Un gran imperio al oeste de Yoruba era el de Dahomey (actual Benín), habitado por el pueblo fon. El panteón fon, o vodún, tiene ciertas similitudes con los dioses yoruba, pero está organizado de forma más compleja, con varios panteones diferentes bajo el dios supremo Nana Buluku, que es a la vez masculino y femenino.

El panteón celeste está encabezado por el dios gemelo Mawu-Lisa, creador del mundo material. Mawu es femenino y representa la tierra, el

---

[4] Aunque el Ikenga se encuentra sobre todo en los santuarios masculinos, las mujeres de alto estatus también pueden tener un Ikenga.

oeste, la luna y la noche. Su hora es el amanecer. Es gentil, indulgente, nutritiva y fértil. Lisa es masculino y representa el cielo, el este, el sol y el día. Su tiempo es el ocaso, y puede ser fuerte y despiadado. Agè, hijo de Mawu-Lisa, es el dios de la naturaleza, el bosque y la caza.

Gu es otro dios del panteón celeste. Es el quinto hijo de Mawu-Lisa. Es el dios del hierro, las armas, las herramientas, la artesanía y la guerra; se trata de una potente combinación en África Occidental, donde el Reino Edo de Benín, el Reino Yoruba de Oyo y el Reino Fon de Dahomey llegaron al poder entre 1400 y 1700 gracias a agresivas conquistas. Las tres culturas comparten un dios similar del hierro y las armas (Oggun en las culturas yoruba y Edo), lo que demuestra la importancia de la fundición del hierro para el armamento y la expansión de estos estados[5].

Los panteones del trueno y del mar están encabezados por Sogbo, o Hevioso, un dios andrógino que habita en el cielo. Sogbo dio a luz a todos los demás dioses del panteón del trueno y los envió a vivir al mar, gobernado por Agbè y su esposa gemela, Naètè. Los dioses del mar controlan las tormentas y la lluvia, y el más joven de ellos, Gbade, es un embaucador que disfruta haciendo el ruido de los truenos.

Luego está el panteón de la tierra, encabezado por Sagbata, hijo de Mawu-Lisa. Sagbata se llevó a la Tierra todo lo que pudo de las riquezas del cielo, pero no pudo llevarse la lluvia, que Sogbo mantenía bajo su control. Por eso la Tierra no siempre recibe la lluvia que necesita, ya que los dos dioses no siempre se llevan bien.

Sin embargo, Legba, el hijo menor de Mawu-Lisa, se enteró por Sagbata de que había sequía en la Tierra. Envió a un pajarillo (Wututu) a decirle a Sagbata que encendiera un gran fuego. Mientras tanto, le dijo a Mawu-Lisa que la Tierra se estaba quemando y que también se quemaría el cielo si él no lo impedía. Mawu-Lisa le dijo a Sogbo que dejara caer toda la lluvia acumulada lo antes posible. Desde entonces, Wututu vive en la Tierra y puede ser enviado como mensajero a Mawu-Lisa si no llueve lo suficiente.

Legba es un dios embaucador impredecible. Aunque en la historia anterior parece actuar con benevolencia, también se dice que fue el responsable de la sequía porque antes le había dicho a Sogbo que se

---

[5] Barnes, Sandra T y Ben-Amos, Paula. "Benin, Oyo, and Dahomey: Warfare, State Building, and the Sacralization of Iron in West African History". *Expedition Magazine* 25.2 (1983). Penn Museum, 1983.

aprovisionara de lluvia. Debido a su imprevisibilidad, es uno de los dioses a los que los fon siempre propician para mantenerlo de su lado.

Los masáis, nómadas ganaderos de Kenia, tienen una visión bastante diferente de las cosas en comparación con los complejos panteones de África Occidental. Esto puede deberse a que su mundo es menos complejo que el de las ciudades-estado, los centros comerciales y los imperios de Occidente. Solo tienen dos dioses: el dios supremo En-kai y su esposa Olapa, que representan el sol y la luna. Algunos dicen que En-kai es un dios andrógino.

En-kai creó al primer hombre, Naiteru-kop, y le dio la tierra para vivir. Una noche, En-kai dijo a toda la gente que dejaran sus *kraals* (recintos) abiertos. Algunos lo hicieron, pero otros no. Los que lo hicieron encontraron ganado en sus recintos por la mañana, y se convirtieron en los masáis. Los demás no tenían ganado y se convirtieron en los antepasados de otros pueblos. Pero quizá no le sorprenda saber que hay otras versiones de la historia de cómo los masáis consiguieron su ganado. De hecho, ¡habrá otra en el próximo capítulo!

Capítulo 4: Fábulas de animales

Si examinamos los libros primeros de cuentos populares africanos, encontraremos que muchos de ellos están repletos de historias sobre animales. Eso no significa que los cuentos de animales sean una parte importante de la mitología y el folclore africanos; probablemente tenga más que ver con el hecho de que a los primeros coleccionistas europeos les resultaban más fáciles de simpatizar y comprender que los cuentos históricos o los mitos de dioses y héroes africanos. Los relatos sobre seres humanos hacen suposiciones sobre normas sociales, muchas de las cuales, como la poligamia, la prevalencia de las relaciones entre hermanastros, la veneración de los antepasados y las ceremonias de iniciación, eran antipáticas para los primeros africanistas y diferían ampliamente de la sociedad occidental.

Los animales de las historias africanas solían interesar a los europeos porque eran animales característicamente africanos. Los primeros africanos de la zona habitada por los joisán (bosquimanos) pintaron elands (antílopes con cuernos en espiral) y mantis religiosas en las rocas hace treinta mil años, y la mitología san/joisán sigue centrándose en estas criaturas. Khaggen, la mantis religiosa, es un embaucador que cambia de forma, con una esposa jirafa de las rocas (un animal parecido al conejo) y una hija puercoespín adoptada. El eland, por su parte, es un animal poderoso que puede ayudar a un chamán san a entrar en trance.

Los animales de poder eran a menudo «animales maestros», el principal animal de alimentación de un pueblo. Por ejemplo, el búfalo era el animal maestro de los baronga sudafricanos, que creían tener un pacto o alianza especial con él. Romper ese pacto traía consecuencias nefastas.

Algunos animales eran maestros. Los griegos tenían las fábulas de Esopo, en las que se utilizaban historias de animales para transmitir una moraleja. Por ejemplo, Esopo alaba a la hormiga por su laboriosidad. Pero la historia bereber y cabila cuenta cómo una hormiga enseñó a los hombres a cultivar la tierra. Un hombre y una mujer vieron a una hormiga que intentaba quitar la cáscara de un grano de trigo y aprendieron de ella a trillarlo, a hacer harina, a cocerlo y a sembrarlo. Sin embargo, lo sembraron en la época equivocada del año y las semillas no brotaron, por lo que la hormiga tuvo que volver y decirles cuál era la época correcta para sembrar.

A veces, los animales tenían conocimientos que los hombres deseaban, pero no estaban dispuestos a enseñarles. Según los bambuti (pigmeos) de las selvas centroafricanas, los chimpancés fueron una vez humanos, pero se pelearon con los demás y se retiraron a la selva. Esto no habría importado si no fuera porque solo los chimpancés tenían el secreto del fuego. Un bambuti decidió hacerse amigo de los chimpancés y los visitaba a menudo. Los chimpancés le daban plátanos y le dejaban calentarse junto al fuego, algo que él apreciaba mucho. Sin embargo, nunca se ofrecieron a enseñarle a hacer fuego.

El bambuti ideó un plan para robar el fuego. Un día se presentó en la aldea de los chimpancés con una larga cola falsa. Se sentó a comer unos plátanos y a charlar, pero al sentarse junto al fuego, su cola —hecha de corteza de árbol machacada— empezó a arder. Saltó de dolor como si la cola fuera de verdad. «¡Socorro! Socorro!», gritó. Los chimpancés pensaron que era lo más gracioso que habían visto en mucho tiempo, y estaban tan impotentes de la risa que no se dieron cuenta cuando empezó a correr. Llegó hasta su aldea antes de que los chimpancés comprendieran lo que había hecho. Había robado el secreto del fuego, y los bambuti lo tienen desde entonces.

Las serpientes son a menudo importantes en las historias africanas, como la pitón real de los igbo. Los lunda creían que la pitón Chinawezi gobernaba la tierra y todas las masas de agua, incluidos ríos, arroyos, estanques y abrevaderos. Los woyo del Bajo Congo ven a Bunzi, la serpiente hija de la Gran Madre Mboze, como el arco iris (que parece una serpiente) y el hacedor de lluvia.

Una historia fulani del Sahel cuenta que una mujer tuvo gemelos. Uno era un niño y el otro una serpiente que tenía 94 escamas, cada una del color de un tipo diferente de ganado. El niño se llamaba Ilo. A la serpiente no le puso nombre, pero la escondió debajo de una maceta[6]. Cuando ella murió, muchos años después, Ilo le construyó a su hermano una cabaña para vivir y le llevaba leche todas las mañanas para desayunar. Ilo cuidaba de su ganado. Los hermanos se hicieron ricos y llegaron a tener un gran rebaño.

La serpiente le dijo a Ilo que nunca debía casarse con una mujer de pechos pequeños, porque si una mujer así veía alguna vez a la serpiente, tendría que marcharse. Por supuesto, Ilo se enamoró de una mujer de pechos pequeños, pero no olvidó lo que le había dicho su hermano la serpiente. Construyó un gran muro alrededor de la cabaña de la serpiente. Nadie podía ver por encima, y la serpiente estaba feliz y segura.

Pero un día, la curiosidad se apoderó de la mujer de Ilo. Cogió una maceta grande y la utilizó para mirar por encima del muro. Allí vio a la enorme serpiente tumbada en el suelo, tomando el sol.

La serpiente se deslizó hasta el río, seguida por todo el ganado del recinto de su hermano. Le explicó a Ilo lo ocurrido y le dijo que tenía que irse y que el ganado le seguiría. Sin embargo, repartiría equitativamente con su hermano; Ilo podría quedarse con todo el ganado que pudiera tocar con un palo. El resto seguiría a la serpiente hasta el agua.

Ilo cortó un palo de un árbol de madera negra que había cerca y tocó todas las reses que pudo antes de que el rebaño desapareciera en el río. Por eso, los pastores fulani siempre utilizan un bastón de madera negra.

Una serpiente también figura en la historia alternativa de cómo los masáis consiguieron su ganado. Al principio, los masáis no tenían ganado. Los dorobo (pueblo no masái) lo poseían todo. Un hombre dorobo vivía con una serpiente, un elefante y su cría. Un día, el dorobo encontró una vaca. La serpiente estornudó y le produjo un sarpullido, lo que enfureció al hombre, que la mató. El elefante y su cría utilizaron la charca y enturbiaron el agua. La vaca no pudo beber. El dorobo se enfadó y mató al elefante. Pero la cría escapó y encontró a un hombre masái llamado Le-eyo. La cría de elefante llevó a Le-eyo de vuelta a la

---

[6] Otra versión de la historia da un nombre a la serpiente: Tyanaba.

cabaña del dorobo.

El dios Naiteru-kop bajó y le dijo al dorobo que se levantara temprano a la mañana siguiente para hacer un recinto, buscar un ternero y sacrificarlo. Le-eyo lo oyó, así que se levantó más temprano e hizo un compuesto y un sacrificio. Una cuerda de cuero bajó del cielo, y un rebaño de ganado empezó a bajar por la cuerda hacia el recinto. El ganado dorobo salió de su recinto y se mezcló con los demás. Como los dorobo no tenían forma de demostrar cuáles eran suyas, Le-eyo se las llevó todas. Desde entonces, los dorobo se dedican a la caza y los masáis al pastoreo.

Es una historia interesante, ya que la cuerda del cielo se parece a muchas historias africanas de la creación, pero el motivo del «mundo en una cuerda» también recuerda bastante a Jack y las habichuelas.

En Ruanda se cuenta una historia similar sobre Gihanga, uno de los primeros reyes de Ruanda. Descubrió que de un lago salían vacas y partió con sus hombres para capturarlas. Sin embargo, advertido por sus adivinos de que no se llevara a su hijo Gafomo, lo envió a hacer un recado. Gafomo sospechó y siguió la expedición de su padre en secreto. Cuando llegaron al lago, Gafomo se escondió en un árbol.

Los hombres de Gihanga capturaron a muchas de las vacas que salían del lago. Pero cuando salió el toro, Gafomo se asustó y gritó. El toro volvió al lago con el resto de las vacas.

Los san, sin embargo, tienen otra historia que contar. Antiguamente, el rey Mamba, la serpiente, era el dueño de todo el ganado. Heise era amigo del rey Mamba, pero nada de lo que hiciera conseguiría que el rey le diera ni una sola vaca. Así que Heise encendió una gran hoguera y retó al rey Mamba a saltar por encima. Para demostrárselo, Heise saltó primero, superando fácilmente el fuego y aterrizando al otro lado del mismo con un golpe seco.

El rey Mamba era bastante arrogante y pensó que podía hacer cualquier cosa mejor que este enclenque humano, así que juntó sus anillos y saltó directamente al centro del fuego. Después de todo, a las serpientes no se les da bien saltar. Una vez que Heise vio a la mamba completamente calcinada, ¡se agarró a las vacas!

También hay animales en la mitología egipcia. Por ejemplo, la gran serpiente Apep habita el mundo nocturno e intenta impedir que el dios del sol Ra navegue en su barca hacia la mañana. Apep es una fuerza del mal o del desorden. Sin embargo, la diosa serpiente Wadjet es la protectora del Bajo Egipto. A menudo se la muestra en la parte frontal de la corona del faraón para simbolizar su protección de la tierra y de su gobernante.

El hipopótamo también es frecuente. Normalmente, el hipopótamo era visto como una criatura peligrosa perteneciente a los pantanos acuáticos, símbolo de desorden y destrucción. A menudo se mostraba al faraón arponeando a un hipopótamo, signo de su misión de mantener el orden en la tierra. Pero la diosa Tauret muestra el lado positivo del hipopótamo: la protección de la madre.

Hay un cuento nigeriano que cuenta por qué el hipopótamo vive en el agua. Antaño, los hipopótamos vivían en tierra como los demás animales. El rey Hipopótamo era el segundo después del rey Elefante, y tenía siete esposas grandes, gordas y maravillosas. Era un anfitrión generoso y siempre daba grandes banquetes.

En uno de estos banquetes, el rey Hipopótamo impidió que sus invitados se sentaran.

—Ninguno de ustedes sabe siquiera mi nombre —dijo—, pero aun así vienen a comer aquí.

(Esto era cierto. Solo sus siete esposas sabían su nombre, y no lo decían).

Así que los invitados se marcharon avergonzados. Todos menos Tortuga.

—Si descubro tu nombre, ¿qué harás? —preguntó Tortuga al rey Hipopótamo.

—Me daría mucha vergüenza si lo supieras. Tendría que esconderme en el río.

Tortuga sabía que el rey y sus mujeres bajaban al río por la mañana para bañarse. Así que cavó un agujero en medio del camino que seguían y se escondió bajo la arena. Cuatro de las esposas pasaron con el rey, y Tortuga apareció justo delante de la quinta, que se golpeó el dedo del pie con su duro caparazón.

—¡Ay! —aulló—. ¡Isantim, ven a ayudarme!

El rey regresó torpemente para ver qué pasaba, pero no vio a Tortuga, que había vuelto a excavar bajo la arena.

Un mes más tarde, el rey Hipopótamo celebró otro festín. Dispuso comida excelente y enormes jarras llenas de vino de palma e invitó a todos a participar libremente.

Sin embargo, Tortuga gritó:

—¡Sé cómo te llamas, Isantim!

Y el hipopótamo tuvo que irse a vivir al río, junto con sus siete engorrosas pero encantadoras esposas. Pueden salir del río por la noche, ¡pero les da vergüenza salir de día!

Aunque en los mitos africanos aparecen criaturas reales como elands, serpientes, elefantes y vacas, África también tiene un montón de criaturas míticas. Algunas son monstruos (a las que dedicaremos un capítulo más adelante), pero otras son benévolas, como Chipfalamfula, el «obturador de ríos», un gran pez del que se dice que tiene la capacidad de controlar el caudal de un río. Puede provocar inundaciones, pero también salva a personas que se ahogan. En una historia de Mozambique, salvó a una niña dejándola subir a su vientre cuando estaba a punto de ahogarse en el agua. Más tarde, la misma niña fue perseguida por ogros en tierra. Al ver esto, Chipfalamfula envió una gran ola para ahogar a los ogros, y la niña escapó.

Capítulo 5: Cuentos de embaucadores

Los cuentos de embaucadores africanos son muy populares. Este tipo de cuentos no son puramente africanos, por supuesto; los nativos americanos cuentan historias sobre el coyote, el cuervo y la liebre Nanabozho, y Japón tiene un zorro embaucador, Kitsune. Los vikingos tenían al dios embaucador Loki, que intenta sacar a Odín de un apuro robando el oro del Rin, y es posible que haya leído cuentos de Br'er Rabbit cuando eras niño.

¿Por qué tantos cuentos de embaucadores africanos? Una vez más, la respuesta no es necesariamente que constituyan un porcentaje inusualmente alto de la tradición oral (aunque parece que tres de cada cinco cuentos populares yoruba son cuentos de embaucadores). Más bien parece que son muy atractivos. A todo el mundo le gustan los cuentos de embaucadores, sobre todo cuando hablan de una criatura diminuta o de un individuo desfavorecido que sale adelante gracias a su ingenio y, tal vez, a una o dos mentirijillas. A veces, los embaucadores son pequeños animales inteligentes; otras, son humanos. La tortuga, la liebre, el chacal, la araña y la gacela suelen ser animales embaucadores. Los embaucadores pueden ser avariciosos, glotones, bufonescos o incluso (como Legba) sexualmente insaciables.

En muchos cuentos yoruba, la tortuga, llamada Ijapa, es el héroe embaucador. Hace algunas cosas que parecen bastante estúpidas. Por ejemplo, una vez retó al hipopótamo a un juego de tira y afloja. Una tortuga nunca ganaría a un animal tan grande. Pero, por supuesto, la tortuga lo sabía. El hecho es que ya había conseguido que el elefante aceptara tirar del otro extremo de la cuerda. Naturalmente, la tortuga ganó.

Pero la tortuga también es codiciosa. Una historia cuenta que, cuando su mujer intentaba quedarse embarazada, Tortuga visitó a un herborista. El herborista le preparó un caldo de olor delicioso y lo puso en una calabaza.

—Dáselo a tu mujer —le dijo el herborista—. Y no caigas en la tentación de comértelo tú.

Tortuga se puso en camino con la calabaza a cuestas, pero aquel caldo olía tan bien. Era picante, carnoso, y se dio cuenta de que iba cada vez más despacio hasta que, por fin, la tentación pudo con él. Tortuga engulló todo el contenido de la calabaza sin dejar nada para su mujer.

Sabía a gloria. Por supuesto, tuvo que contarle algunas mentirijillas a su mujer, pero Tortuga es un gran mentiroso, así que no hubo problema.

Salvo que, unas semanas más tarde, notó que su barriga aumentaba y se redondeaba día a día. Así es: Tortuga estaba encinta. Incluso Tortuga tendría dificultades para explicar *eso* a su mujer.

Tortuga, como mucha gente que se cree lista, también puede ser muy tonta a veces. Un día, decidió que quería reunir todo el conocimiento del mundo en una calabaza y colgarla de un árbol donde nadie pudiera cogerla. Pero ató la calabaza delante de él y no conseguía subir al árbol.

Entonces, un niño se echó a reír.

—¡Átate la calabaza detrás, estúpido! —le gritó—. ¿Es que no sabes nada?

Tortuga se enfadó tanto que tiró la calabaza al suelo y la rompió. Menos mal; si no, ninguno de nosotros sabría nada.

En un cuento del pueblo tsonga, dos embaucadores se enfrentan. La liebre y la tortuga roban batatas a un granjero. Consiguen una gran pila de batatas, pero la liebre empieza a preocuparse de que el granjero los atrape.

—Ve a ver si no está el granjero no está cerca —le pidió a Tortuga.

Tortuga empieza a sospechar de inmediato. ¿Por qué quiere la liebre que se aleje? Se lo piensa y le dice a la liebre que hay dos caminos para entrar en el campo. Por lo tanto, si él revisa uno, la liebre tiene que revisar el otro, o de lo contrario ,podrían ser atrapados.

A la liebre le parece bien. Es más rápida que Tortuga, así que volvería para llevarse todas las batatas antes de que Tortuga llegue a la puerta. Se va tan rápido como puede.

Tortuga no comprueba la otra puerta. En cambio, se mete en la bolsa de la liebre y se esconde.

La liebre comprueba la puerta y vuelve. La tortuga no aparece por ninguna parte.

—¡Ja, ja! Las batatas son mías —exclama.

La liebre empieza a echar las batatas en la bolsa. Luego, coge la bolsa y se va con todas las batatas. No tendrá que compartirlas con Tortuga.

Mientras tanto, Tortuga está dentro del saco, mordisqueando metódicamente las sabrosas batatas. Esta historia demuestra que la liebre no siempre gana a la tortuga.

Quizá el embaucador africano más conocido sea Anansi, la araña de la tradición Ashanti. Se respeta mucho a *Kwaku Anansi*, el padre Anansi, que es una especie de héroe cultural además de embaucador. A veces trabaja como mensajero del dios supremo Nyame, y también es el creador del sol, la luna, las estrellas, el día y la noche. Anansi trae la lluvia y enseña a sembrar el grano. Aunque puede ser demasiado listo para su propio bien —como Tortuga, que intentó acaparar todo el conocimiento del mundo, pero no pudo trepar al árbol—, es admirado por su ingenio y sabiduría.

Sin embargo, algunas historias de Anansi son muy graciosas. Una vez tenía hambre, pero el granjero no quiso darle judías. Fue a jugar con los hijos del granjero, pero tampoco le dieron judías. Así que se fue y se cubrió de chicle, volvió y se revolcó por el suelo con los niños. Pronto quedó cubierto de judías, que se habían pegado al chicle. Anansi fue a casa, se las quitó y las puso en una olla.

En otra ocasión, Anansi decidió que quería ser el dueño de todas las historias que se habían contado. Nyame era el dueño de las historias, pero estaba dispuesto a vendérselas a Anansi. El precio era alto: Anansi tenía que entregar Mmoboro (los avispones), Onini (la pitón) y Osebo (el leopardo) a Nyame.

Una araña contra un enjambre de avispones no es un combate parejo. Pero Anansi estaba preparado para el desafío. Cogió una gran calabaza con un tapón. Luego saltó al agua y se mojó a conciencia. A continuación, pasó junto al avispero.

—¿Qué te pasa? —le preguntaron los avispones—. Estás todo mojado.

—Se acerca una gran tormenta —respondió Anansi. Entonces, dio un respingo como si se le acabara de ocurrir algo—. Oigan, deberían meterse en esta calabaza. Es mucho más impermeable que su nido.

Por supuesto, una vez que los avispones estuvieron en la calabaza, puso el tapón y listo.

La siguiente fue la pitón. De nuevo, en una batalla de araña y pitón, lo más probable es que la araña perdiera. Pero Anansi vino equipado con una larga vara de bambú. (¿Qué es esto? ¿Va a proponer una competición de salto con pértiga?)

Anansi se paró con el palo y miró a la serpiente. Esta le devolvió la mirada. Luego le dijo a Onini:

—Mi mujer cortó este palo y me dijo: «¡Eh, este palo es más largo que la pitón! Y creo que tiene razón».

Onini se enfadó. El palo no le parecía muy largo, y así se lo dijo a Anansi. Anansi le dijo que no, que él *seguía* pensando que el palo era más largo. Entonces, Onini se estiró a lo largo del bambú para demostrar lo largo que era.

Anansi señaló que las serpientes son movedizas y el bambú crece recto, así que tendría que atar la pitón al palo en varios sitios para asegurarse de que la medida era correcta. Onini, sin sospechar nada, dijo:

—De acuerdo, pero hazlo rápido.

Y eso fue todo.

¿Pero un leopardo? ¿Cómo podría una araña capturar algo así?

Bueno, Anansi cavó un hoyo y lo camufló con ramas. Entonces, solo era cuestión de esperar a que Osebo cayera dentro.

Pero, ¿cómo iba Anansi a llevar el leopardo que había atrapado a Nyame? Al fin y al cabo, ése era el trato.

Anansi se acercó al borde de la fosa y se agachó.

—Hola —dijo amistosamente—. ¿Qué es todo esto? ¿Se ha caído alguien en este agujero?

El leopardo se puso furioso, azotando su cola, pero se calmó cuando Anansi sugirió una forma de ayudarle a salir. Anansi llevaba una cuerda, y si Osebo pudiera atar el extremo a su cola, podría sacarlo del agujero.

Pero Anansi ya había atado el otro extremo de la cuerda a un árbol elástico que había doblado. Así que, cuando el leopardo se ató la cuerda a la cola, Anansi soltó el árbol y el leopardo salió volando por los aires. ¡Estaba atrapado!

Incluso entonces, Nyame no quiso darle el cuento. Algunos dicen que le pidió a Anansi que atrapara a un espíritu de los arbustos. Anansi pensó durante mucho tiempo. Era imposible. ¿Seguro que era imposible? Y entonces tuvo una idea.

Anansi se fue al monte con una muñeca, un bote de pegamento y su desayuno. Encontró un árbol donde a los espíritus de los arbustos les gustaba pasar el rato y colocó el muñeco debajo del árbol. Anansi esparció el pegamento por todo el muñeco, puso su desayuno delante del muñeco y se escondió detrás del árbol. Pronto pasó por allí un espíritu de los arbustos.

—Hola —dijo Anansi desde su escondite—. ¿Quieres desayunar?

—Muchas gracias —respondió el espíritu de los arbustos, que se sentó con el muñeco y empezó a comer. Pronto terminó de desayunar. Cortésmente, dijo—: Gracias.

El muñeco no dijo nada.

—Buenos días —dijo el espíritu de los arbustos. Y el muñeco siguió sin decir nada—. Puedes desearme un buen día —refunfuñó el espíritu de los arbustos. El muñeco siguió sin decir nada.

El espíritu de los arbustos se estaba enfadando bastante. Y el muñeco seguía mirándolo con lo que seguramente era una mirada insolente. Así que el espíritu de los arbustos le dio una bofetada. Su mano se pegó al muñeco. Intentó apartarse, pero no pudo, así que empujó al muñeco en el estómago con el pie, y su pie también se pegó al muñeco.

Una vez que el espíritu de los arbustos estuvo bien pegado, Anansi se lo llevó a Nyame. Y así, todas las historias jamás contadas pertenecen ahora a Anansi.

Una vez, hubo una hambruna donde vivía Anansi. Pudo ver una isla en la costa con una enorme palmera. Pero, ¿cómo podía llegar a ella? Su barca estaba rota y vieja. Aun así, Anansi decidió intentarlo. Seis veces las olas lo empujaron de vuelta a la orilla, pero la séptima logró atravesar las rompientes y llegar a la isla, donde trepó al árbol y arrancó las nueces de la palmera.

Como era perezoso, pensó que sería más fácil tirarlas al bote que cargar con todas las nueces. Sin embargo, todas las nueces cayeron al agua, ¡no a la barca! Anansi se lanzó al agua desesperado, pero en lugar de hundirse y ahogarse, se encontró frente a una casa en el fondo del mar. Allí se encontró con el viejo Trueno. Tras escuchar la triste historia de Anansi, le dio una olla.

—Todo lo que tienes que hacer —le dijo Trueno a Anansi—, es decirle a la olla que haga por ti lo que solía hacer por su amo.

Anansi lo probó en cuanto llegó a la orilla.

—Olla, olla —le dijo—, lo que hacías por tu amo hazlo por mí.

La olla produjo al instante toda clase de buena comida y bebida para él, y se lo comió todo. Y entonces Anansi pensó en su hambrienta familia. Podría usar la olla para alimentarlos. Pero eran muchos y la magia podría acabarse. Si guardaba la olla para él, podría comer bien todos los días. Así que escondió la olla y solo la usaba cuando estaba solo.

Por desgracia, la familia se dio cuenta de que Anansi estaba engordando mientras el resto se moría de hambre. Su hijo Kweku Tsin decidió seguir a Anansi para averiguar por qué. Kweku Tsin tenía un superpoder. Podía convertirse en una mosca, así que le resultó fácil seguir a su padre sin que Anansi sospechara nada. Vio cómo Anansi sacaba la olla de su escondite y devoraba como un cerdo todo lo que la olla podía producir. Luego, se fue zumbando para que toda la familia se enterara del secreto.

Cuando Anansi se marchó, Kweku Tsin fue a buscar la olla.

—Olla, olla —dijo, como había oído decir a Anansi—. Lo que hiciste por tu amo, hazlo por mí.

Y la olla dio a la familia toda la comida que pudo. Pero se recalentó porque había muchas bocas que alimentar, y dejó de funcionar. Kweku Tsin volvió a esconderla. La siguiente vez que Anansi usó la olla, no tenía magia.

Anansi fue de nuevo a la casa de Trueno. Esta vez, fue mucho más fácil pasar los rompientes. Trueno escuchó atentamente la historia de Anansi, que era una historia ligeramente editada, y luego le dio a Anansi un palo.

—Funciona igual que la olla —dijo Trueno—. Solo dile que haga por ti lo que hace por mí.

Pero una olla es una olla, y un palo es un palo. Cuando Anansi dijo: «Palo, palo, lo que hiciste por tu amo, hazlo por mí», el palo empezó a golpearle. Lo golpeó hasta que consiguió atraparlo y tirarlo al mar.

Kweku Tsin era en realidad más listo que su padre Anansi. Descubrió los mejores lugares para cazar, pero no le dijo a su padre dónde estaban. Anansi lo rastreó haciendo un pequeño agujero en su bolsa de caza y poniendo cenizas en él. La siguiente vez que Kweku Tsin salió de caza, Anansi se limitó a seguir el rastro de ceniza. Conocedor de los mejores lugares de caza, Anansi llegó el primero al día siguiente y advirtió a Kweku Tsin.

—Esta es mi tierra de caza ahora —se dijo Anansi.

Kweku Tsin se dio cuenta de cómo le habían engañado y decidió vengarse. Sabiendo que Anansi iría a vender la carne y las pieles de los animales al mercado, Kweku Tsin llegó al cruce principal y colocó en lo alto de un árbol una imagen diminuta con cascabeles alrededor del cuello. Ató una larga cuerda a la imagen y se escondió entre los arbustos. Cuando llegó Anansi, Kweku Tsin hizo saltar y bailar a la pequeña imagen tirando de la cuerda.

"Los dioses están enfadados" —pensó Anansi—. "Será mejor que le dé algo de carne a este dios".

Pero el dios no estaba contento. Anansi le dio más carne.

El dios seguía sin estar contento. No estuvo contento hasta que Anansi le dio toda la carne y huyó. Kweku Tsin se llevó la carne para venderla. Se hizo rico y, finalmente, celebró un gran banquete. Contó la historia de su astucia y de cómo había vencido a Anansi. Tan avergonzado estaba Anansi que prometió abandonar sus engaños y trucos. (Naturalmente, eso no duró mucho, ¡pero esa es otra historia!).

A veces, los embaucadores están asociados a la obra de la creación. Recuerde que Anansi ayudó a Nyame. Otra araña, Ture, ayudó a la gente a conseguir agua y fuego, según las historias del pueblo Zande en África central.

Una anciana cultivaba ñames y construyó una presa para almacenar toda el agua del mundo. Cuando la gente pasaba por su choza, ella les ofrecía ñames, pero nada para beber, de modo que se ahogaban con los ñames secos. Cuando se ahogaban, los mataba.

Ture fue a buscar agua detrás de la presa y llenó su calabaza con toda el agua que pudo. Luego, cortó una caña hueca para usarla como pajita y poder chupar el agua a escondidas. Luego pasó por delante de la cabaña de la anciana.

Ella le ofreció un ñame. Se lo comió y, cuando ella no lo vio, bebió un sorbo de agua para no ahogarse. Tomó otro ñame. Su reserva secreta de agua evitó que se ahogara. Comió otro ñame. Y otro más. Luego de comerse todos los ñames, corrió a la presa y la rompió, dejando salir el agua para que corriera por los campos. Por eso hay agua en el mundo.

El clan de los herreros era el único que tenía fuego. No dejaban que nadie más lo tuviera. Ture decidió que eso no estaba bien, así que fue a visitar a los herreros. Antes de ir, se vistió con una vieja tela de corteza, que era muy frágil y estaba muy seca. Cuando se sentó junto al fuego de los herreros, el paño de corteza se prendió fuego y huyó llevándose consigo el secreto del fuego.

Pero Ture, como otros embaucadores, podía ser tonto. Se suponía que iba a cazar termitas para alimentarse, pero sedujo a su suegra mientras estaba en el monte. Su mujer se puso furiosa cuando volvió a casa sin termitas. Para Ture, eso no supuso ningún problema: le contó un cuento chino sobre cómo habían ido las cosas.

Por desgracia, en ese momento, el pene de Ture decidió hablar por sí mismo. Cuando dijo la verdad sobre lo que Ture había hecho, su mujer se puso aún más furiosa.

Otro animal embaucador es Agemo, un camaleón que lleva mensajes para el dios yoruba Olorun. Una vez, la diosa del mar Olokun se jactó de que podía tejer mejor que Olorun. El dios decidió enviar a Agemo para comprobar esa afirmación.

Cada vez que Olokun sacaba un paño, Agemo caminaba sobre él y conseguía cambiar su color para igualarlo. La diosa empezó a probar patrones y diseños cada vez más complejos, pero cuando el camaleón consiguió repetir el patrón exactamente incluso en su tejido más complicado, la diosa se dio por vencida.

—Si ni siquiera puedo vencer al mensajero —se lamentaba—, ¿cómo podré vencer a su amo?

Los cazadores malienses cuentan una historia sobre Sirankomi, el gran cazador. Nunca volvía de la selva sin una presa. Los animales temían que los matara a todos, así que enviaron al búfalo disfrazado de mujer para conocer sus secretos.

Sirankomi cayó en la trampa. La mujer búfalo lo sedujo y se la llevó a su cabaña, donde aprendió todos sus trucos. Sirankomi podía transformarse en un termitero, un tocón o un mechón de hierba para que los animales no lo vieran. Pero mientras hablaban, la madre de Sirankomi pasó por delante de la cabaña y advirtió al cazador que no revelara sus secretos a una mujer de una noche.

Al día siguiente, la mujer búfalo pidió a Sirankomi que la acompañara a su recinto. Ella había contado los secretos a los demás animales, así que cuando Sirankomi se convirtió en un termitero, los jabalíes lo desenterraron con sus colmillos. Cuando se convirtió en un tocón de árbol, los elefantes lo arrancaron. Cuando se convirtió en un matojo de hierba, todos los animales herbívoros empezaron a devorarlo.

Pero como había oído la advertencia de su madre, a Sirankomi le quedaba un truco. Se transformó en un demonio de polvo y se marchó a casa dando vueltas.

Otro cazador embaucador es el héroe khoi-khoi (bosquimano) Heitsi-eibib, que era embaucador y cambiaba de forma. Nació de una vaca y se convirtió en un poderoso toro. Huyó cuando vio que el carnicero iba a matarlo y se transformó en hombre. Cuando llegó el carnicero, encontró a Heitsi-eibib tallando calabazas.

—¿Has visto un toro?

—¿Qué toro?

Haber escapado él mismo de la olla no lo convirtió en vegetariano. Cuando se enteró de que en un pueblo iban a sacrificar una vaca, se convirtió él mismo en una enorme olla. Cocinaron la carne, pero Heitsi-eibib se bebió toda la grasa, de modo que la carne que quedó en la olla estaba seca y sin sabor.

En sus viajes, se encontró con ogros que mataban a todos sus visitantes. El primero, Gama-Gorib, retó a Heitsi-eibib a luchar. Gama-Gorib arrojó a su oponente a un gran pozo, donde perecería. Sin embargo, Heitsi-eibib le dijo al hoyo que lo levantara para que pudiera seguir luchando. Finalmente, derribó a Gama-Gorib en el agujero, y el ogro murió. El siguiente, Han-Gai-Gaib (también conocido como Ga-Gorib en algunas versiones), solía retar a los visitantes a lanzarle una piedra. Sin embargo, la piedra era mágica, por lo que rebotaba y mataba a la persona que la lanzaba. Así que Heitsi-eibib le dijo a Han-Gai-Gaib que cerrara los ojos mientras lanzaba la piedra. En lugar de lanzar la piedra, golpeó a Han-Gai-Gaib en la cabeza y lo mató.

Muchos embaucadores son niños prodigio. Los zulúes cuentan la historia de Uhlakanyana, que cortó su propio cordón umbilical con la punta de lanza de su padre y anunció su propia llegada. Como muchos embaucadores, Uhlakanyana era codicioso y a menudo lo pillaban.

Por ejemplo, una vez, un ogro lo sorprendió robando los pájaros de sus redes de caza. El ogro se disponía a comerse a Uhlakanyana crudo, pero este le convenció de que sabría mejor cocido. El ogro se lo llevó a casa y se lo dio a su madre para que lo cocinara.

—Tienes que conseguir que el agua esté en su punto —dijo Uhlakanyana—. No creo que esté suficientemente caliente.

—¿No?

—¿Por qué no la pruebas?

La ogresa metió un dedo.

—Eso no es suficiente —dijo Uhlakanyana—. Tienes que meterte en la olla para ver si está lo suficientemente caliente.

Tontamente, la ogresa se metió en la olla, y Uhlakanyana cerró la tapa de golpe y salió corriendo.

Otra historia muestra cómo Uhlakanyana «cambió». Uhlakanyana encontró una raíz sabrosa y se la llevó a casa a su madre para que la cocinara mientras él iba a una boda. Sin embargo, ella la probó y le gustó por lo que volvió a probarla hasta que se la comió toda.

Uhlakanyana protestó, así que ella le dio una calabaza.

Pasó junto a unos muchachos que estaban ordeñando su vaca, pero no tenían calabaza. Así que les prestó la calabaza. Pero la rompieron y él protestó. Así que le dieron una pequeña lanza de caza. Siguió su camino.

Después, pasó junto a unos chicos que intentaban cortar carne, pero no tenían cuchillo. Así que les prestó la lanza, pero uno de ellos la rompió. Protestó, le dieron un hacha y se fue.

Mientras caminaba, se encontró con unas mujeres que recogían leña, pero no tenían hacha. Así que les prestó la suya, pero una de las mujeres rompió el mango. Protestó. Tenían una manta y se la dieron.

Más tarde, se encontró con dos cazadores que dormían desnudos en el suelo y se ofreció a prestarles la manta. Pero durmieron mal y, al tener pesadillas, consiguieron romper la manta. Uhlakanyana protestó, le dieron un gran escudo y siguió caminando.

Poco después, vio a unos cazadores que habían acorralado a un leopardo. Pero este siseaba y golpeaba con sus garras, y no podían acercarse lo suficiente para matarlo. Así que les prestó el escudo. Mataron al leopardo, pero rompieron el mango del escudo.

Uhlakanyana se enfadó mucho.

—Han roto el mango del escudo que me regalaron los cazadores que rompieron mi manta, que me regalaron las mujeres cuando rompieron mi hacha, que me regalaron los chicos que rompieron mi lanza, que me regalaron los chicos que rompieron mi calabaza, que me regaló mi madre después de comerse mi cena mientras yo estaba fuera en una boda.

Esta historia debió de impresionar a los cazadores, porque le regalaron una enorme lanza de guerra y se la llevó a casa.

No todas las historias de embaucadores son divertidas. La historia bakongo de Moni Mambu es dura y desagradable. En primer lugar, encontró a dos hermanos que nunca se peleaban; uno era pescador, y el otro golpeaba palmeras para hacer vino. Moni Mambu puso las trampas para peces en las palmeras y las calabazas en el agua, y los dos hermanos llegaron a las manos. Moni Mambu se reía al verlos pelear.

Luego, visitó un pueblo y pidió hospitalidad. Una mujer le dijo:

—Puedes comer estofado de cacahuete con mis hijos.

Él se tomó sus palabras al pie de la letra; asó a los niños y se comió el guiso de cacahuetes con la carne.

Moni Mambu se fue de caza con el jefe.

—Dispara a todo lo que se mueva —le dijo el jefe—. No quiero que quede nada más que las babosas y los caracoles.

Así que Moni Mambu disparó a los lagartos, pájaros, serpientes, antílopes, perros de caza, niños y a la mujer favorita del jefe.

El jefe condenó a muerte a Moni Mambu, pero dijo que solo podía morir de una manera: ahogado. La gente lo llevó al río con una gran trampa para peces para ahogarlo, pero por el camino, Moni Mambu consiguió convencer a un extraño de que era un sacerdote ritual y que estaba esperando con la trampa para peces para ungir a un rey. El desconocido, que pensaba que ser rey sería estupendo, se metió en la trampa para peces. Moni Mambu le cerró la tapa y escapó. El extraño murió ahogado.

Moni Mambu acabó mal. Encontró una calavera parlante, y estaba tan emocionado que se lo contó a los ancianos de la aldea. Fueron a ver la calavera, pero no hablaba con los ancianos, así que acusaron a Moni Mambu de mentirles y lo mataron.

Ahora echemos un vistazo a Eshu, un dios yoruba que es algo más que un embaucador, pero definitivamente es tramposo (muchos de los cuentos que se cuentan de Eshu también se cuentan de su homólogo Legba). Para empezar, Eshu es el dios del azar, la suerte, los accidentes y lo impredecible de la vida. También es el mensajero de Olorun en la tierra, el dios de las encrucijadas y de la adivinación.

Érase una vez dos hombres que eran muy buenos amigos. Eran tan felices que decían que su amistad duraría para siempre. Pero Eshu los oyó.

Al día siguiente, los dos amigos vieron pasar a un hombre mientras trabajaban en sus granjas. Más tarde, cuando estaban sentados bajo un árbol y charlando, uno de ellos mencionó el amistoso saludo que les había hecho el hombre del sombrero rojo.

—¿Rojo? —dijo el otro hombre—. ¡Era negro!

—¡No soy ciego! Era rojo!

Cada vez estaban más acalorados y, al final, llegaron a las manos por el asunto.

En realidad, Eshu había pasado entre los dos llevando un sombrero que era negro por un lado y rojo por el otro. Los engañó para que tuvieran esa discusión. ¿Por qué? Porque su idea de una amistad para siempre era jactanciosa y orgullosa, y él quería demostrarles que en la vida todo es cambio y azar.

Un embaucador menos conocido procede de los cuentos árabes de *Las mil y una noches* a través de Zanzíbar, un puesto comercial donde los árabes no solo comerciaban, sino que también se establecían y se casaban con los lugareños de habla swahili. Abu Nuwas se naturalizó como un embaucador que vivía en un entorno urbano y se valía de su ingenio.

Por ejemplo, cuando Abunuwasi (como se le conoce en Zanzíbar) toma prestada una cacerola grande de su vecino, se la devuelve junto con otra mucho más pequeña.

—¿Qué es esto? —le pregunta su vecino—. Solo te he prestado una cacerola.

—Ah —responde Abunuwasi—. Creo que la cacerola grande estaba embarazada cuando me la prestaste. Este es su bebé.

El vecino piensa que Abunuwasi no es muy listo, pero se alegra de tener una cacerola más. Sin embargo, Abunuwasi no es tan tonto como parece.

La siguientes vez que necesita que le presten la cacerola grande, se la queda. Al cabo de unos meses, el vecino se pregunta dónde está la cacerola.

—¿Te acuerdas de la cacerola grande? —le pregunta a Abunuwasi.

Abunuwasi rompe a llorar. Solloza y solloza. Llora lágrimas de verdad.

—La cacerola murió —se lamenta.

—Las cacerolas no se mueren —exclama el vecino enfadado—. No seas estúpido.

Abunuwasi mira a su vecino.

—Me creíste cuando te dije que la cacerola tenía un bebé, ¿verdad? Y si nacen, pueden morir.

Abunuwasi incluso fue más listo que el sultán. El sultán le había dado a Abunuwasi una joven y bella esposa junto con un regalo de mil piezas de oro. Abunuwasi y su esposa fueron felices durante un tiempo, pero el dinero se acabó. Es difícil ser feliz cuando se tiene hambre.

Así que Abunuwasi pensó en un plan. Fue a ver al sultán, llorando, y le dijo que su mujer había muerto. Lo peor era que no tenía dinero para el funeral. El sultán le dio su pésame y, más concretamente, veinte piezas de oro.

Al mismo tiempo, la mujer de Abunuwasi fue a ver a la mujer del sultán y le dijo que Abunuwasi había muerto y que había sido tan mal marido que no le quedaba dinero para enterrarlo. La sultana dio a la muchacha sus condolencias y veinte piezas de oro.

Cuando el sultán cenó con su esposa, mencionó cómo había muerto la mujer de Abunuwasi y qué lástima que Abunuwasi no pudiera encontrar la felicidad en la vida.

—Te equivocas —le dijo su mujer—. Es Abunuwasi quien ha muerto. He visto a su mujer esta mañana.

Así que decidieron que era mejor averiguar quién tenía razón. Enviaron a un criado a casa de Abunuwasi. Abunuwasi hizo que su mujer se escondiera bajo una sábana.

|—No respires —le advirtió. Luego, mostró al criado a su esposa «muerta».

La sultana no estaba contenta. Envió a su propio mensajero a la casa. La mujer de Abunuwasi reconoció a la enviada, así que hizo que Abunuwasi se tumbara bajo la sábana. Le tocaba hacerse el muerto.

El sultán y su esposa estaban ahora completamente confundidos. No podían confiar en que sus propios sirvientes les dijeran la verdad, así que decidieron ir juntos a casa de Abunuwasi. Por supuesto, el sultán siempre iba precedido de sus tamborileros y jinetes, así que Abunuwasi estaba bien avisado. Esta vez, tanto Abunuwasi como su mujer se metieron bajo la sábana. Cuando el sultán y su esposa entraron en la casa, vieron inmediatamente los dos cadáveres.

—Esto es un misterio —dijo el sultán—. Hay que aclararlo. Daré mil piezas de oro a quien pueda decirme qué está pasando.

El Abunuwasi «muerto» se incorporó y gritó:

—¡Adelante! Dame el oro y te lo explicaré.

Capítulo 6: Monstruos y bestias míticas

Si observamos un mapa medieval, veremos que África está llena de monstruos: unicornios, grifos, basiliscos y mantícoras, así como elefantes, cocodrilos y leones. Había hombres sin cabeza y hombres con un solo pie enorme, que utilizaban como paraguas (aunque también se encontraban en la India, según los textos). Para los europeos medievales, África era un lugar fascinante pero peligroso. Lo conocían sobre todo por los textos escritos por griegos y romanos, ya que muy pocos occidentales habían estado allí. Los europeos dejaban volar su imaginación. Sin embargo, como sabemos hoy, África no es así.

Aun así, África tiene sus propios monstruos, aunque son muy diferentes de los que los monjes medievales describen con tanto esmero. De hecho, los monjes se equivocaron por completo en una cosa: les faltaron los legendarios vampiros. Y hay muchos vampiros en África.

Por ejemplo, está el adze, que vive en Togo y Ghana. Parece una inocente luciérnaga, pero puede transformarse en forma humana. También puede poseer a las personas, convirtiéndolas en brujas (*abasom*). El adze chupa la sangre de la gente mientras duerme, y es especialmente peligroso porque, en su forma de luciérnaga, puede colarse por las grietas de las paredes o por debajo de las puertas. Sus víctimas favoritas son los niños con su dulce sangre joven.

Si eso le hace pensar en mosquitos, puede que esté en lo cierto; algunos académicos especulan con la posibilidad de que el adze se creara como metáfora de la malaria. Asegúrese de dormir en un lugar bien protegido y estará a salvo tanto del adze como de los insectos.

El Asanbosam, o Sasabonsam, es otro vampiro que aterroriza al pueblo akan de Ghana. Vive en los árboles y ataca desde arriba. Tiene dientes de hierro, ganchos de hierro en lugar de pies y manos, y alas de murciélago, como el conde Drácula. Los Asanbosam son espíritus del bosque que lo defienden de los humanos. Uno no debe adentrarse en el bosque salvaje los jueves, que es un día reservado para que el bosque se renueve, o será cazado. Básicamente, el Asanbosam es un guardián moral que vela por que la gente cumpla las normas que permiten que el ecosistema funcione correctamente. Los misioneros del siglo XIX, por supuesto, no lo entendieron y en su lugar interpretaron que el Asanbosam era el Diablo cristiano.

El Ramanga de Madagascar mezcla una realidad bastante desagradable con un mito aterrador. El mito dice que el Ramanga es un vampiro que come recortes de uñas y bebe sangre. Sin embargo, la realidad es que existía una clase de practicantes rituales cuyo trabajo consistía en asegurarse de que las brujas no pudieran hacerse con la sangre, los recortes de uñas o la saliva de sus jefes para hacer magia maligna con ellos. Solo había una forma de hacerlo: comerse los recortes de uñas y chupar la sangre derramada (por ejemplo, en un accidente de caza).

Es curioso que, ahora que la mayoría de la tribu Betsileo es cristiana y ya no cree en esa brujería, haya surgido un monstruo más parecido a la idea occidental de vampiro.

En el folclore ashanti, el obayifo es a la vez un vampiro y una bruja, un binomio bastante común en los mitos africanos. Puede habitar cualquier cuerpo humano y está obsesionado con la comida. Se puede reconocer a un obayifo por la luz que emana de sus axilas y ano. Los obayifo pueden cambiar de forma y volar, y también pueden poseer animales; por ejemplo, uno puede poseer un toro y hacer que mate a la gente en un ataque de furia ciega.

Las mujeres que practican la brujería suelen convertirse en obayifo. Les gusta chupar la sangre de los niños y pueden recorrer grandes distancias de noche. Pero se puede disuadir a los obayifo poniendo un plato de carne cruda a la entrada del pueblo; se lo comerán y no irán más lejos en el asentamiento. Los ashanti también comparten un poco de comida con los demás en caso de que la persona que la pida sea un obayifo. Si uno da comida a un obayifo, le sacará los dientes.

También hay varias historias de caníbales. Los fulani cuentan que Debbo Engal tuvo diez hijas y que cada una de ellas tomó un amante para poder chuparle la sangre. Los bantúes aterrorizan a sus hijos con la historia de Tshikashi Tshikulu, la vieja del bosque que acecha a mujeres y niños para comérselos.

Además de los devoradores de hombres y los bebedores de sangre, África cuenta con varios tipos de monstruos acuáticos. El Gbahali, por ejemplo, es la versión liberiana del monstruo del lago Ness escocés; se trata de una enorme criatura parecida a un cocodrilo que, según se dice, vive en los ríos de la selva tropical y tiende emboscadas a sus presas. Puede medir hasta nueve metros de largo. Algunos han sugerido que se parece al dinosaurio *Postosuchus*, extinguido hace doscientos millones de años. Pero nadie parece haber visto uno desde hace tiempo; después de todo, puede que solo fuera un gran cocodrilo.

El Ninki Nanka es otro reptil legendario que vive en los pantanos de África Occidental. Sale de noche para cazar y devorar todo lo que encuentra. Los relatos sobre él varían: es un dragón, tiene cabeza de caballo, mide diez metros o es tan largo como una palmera. Es inimaginablemente enorme, o parece una pitón con una cresta de plumas y escamas como espejos. Puede que originalmente fuera un dios serpiente preislámico, pero hoy en día se utiliza más como hombre del saco para asustar a los niños y evitar que salgan de la aldea. Algunos gambianos, sobre todo en las ciudades, creen que es un mito o que se ha extinguido, mientras que otros no están tan seguros. Al menos un guarda del parque nacional afirma haberlo visto. El gran problema para encontrar pruebas es que cuando la gente ve al Ninki Nanka, suele morir poco después, por lo que hay pocos testigos vivos.

Otro «monstruo del lago Ness» es el Inkanyamba, una legendaria serpiente, anguila o monstruo acuático del que se dice que vive, entre otros lugares, en las cataratas de Howick, en la provincia sudafricana de KwaZulu-Natal. Según los xhosa, solo los *sangomas* (curanderos tradicionales) pueden acercarse a salvo a las cataratas. El Inkanyamba se asocia con la lluvia y se dice que puede salir del agua en forma de tornado o tromba de agua. En realidad, el Inkanyamba es más un dios que un monstruo; recordemos que muchos otros dioses están asociados a serpientes (como Lebe o Ala con su pitón real).

Los bosques de África central están defendidos por los Biloko (en plural; uno de ellos se llama Eloko). Estos enanos habitantes de los bosques son espíritus ancestrales que defienden ferozmente sus territorios de caza. Viven en árboles huecos, se visten con hojas y tocan campanillas que hechizan a quien las oye. (Afortunadamente, un talismán o fetiche puede ser eficaz contra esta magia). Si esto no le parece especialmente feroz, debe saber que se comen a la gente si pueden.

Hay un cuento sobre una mujer que obligó a su marido a llevarla de caza. Él tenía una cabaña en el bosque que utilizaba en sus expediciones, y la dejó allí mientras iba a comprobar sus trampas. Le advirtió sobre los Biloko y sus campanillas por lo que le dijo que mantuviera la puerta bien cerrada y que no la abriera a nadie más que a él.

Sin embargo, cuando la mujer oyó las campanillas, se olvidó de la advertencia y dejó entrar a un Eloko en la cabaña. Cuando el cazador regresó, solo encontró sus huesos.

Otro animal del Congo es un misterio. El Abada es similar al unicornio occidental, ya que sus cuernos son un antídoto contra el veneno y tienen otros poderes curativos. La única diferencia es que, a diferencia del unicornio, el Abada tiene dos cuernos y aparentemente es más del tamaño de un burro que de un caballo.

También se lo conoce como Nillekma, nombre con el que aparece en el *Zoological Journal* de 1829. Sin embargo, no hay mucha información disponible sobre la criatura, y es posible que el Abada no sea un monstruo en absoluto y solo un antílope ordinario. Según un relato, es muy sabroso.

Si hoy viajamos a Etiopía, tendremos suerte si encontramos a alguien que conozca al Pegaso etíope. Sin embargo, el naturalista romano Plinio el Viejo (que, por cierto, fue un mártir de la ciencia, ya que decidió quedarse en Pompeya para observar de cerca la erupción del Vesubio) nos lo cuenta todo sobre esta criatura. Según él, eran caballos alados con dos cuernos y no procedían de Etiopía, sino que se criaban en una isla frente a las costas de Eritrea.

Aunque Plinio era, en algunos aspectos, un buen científico, estaba demasiado dispuesto a creer los cuentos de los viajeros y los mitos urbanos. Esto se agravó cuando los monjes medievales se hicieron con sus obras y las utilizaron como base para los bestiarios, recopilaciones de lo que se sabía sobre el mundo animal. Si busca un Pegaso etíope, lo mejor es que encuentre una biblioteca con una buena colección de manuscritos medievales iluminados.

Otro habitante del Congo es quizá más célebre fuera de África. Kongamato, «rompedor de barcos», aparece en el videojuego *Final Fantasy XIV*. Los kaonde describían a este monstruo como una especie de pterosaurio —un enorme lagarto de alas rojas— que disfrutaba volcando canoas y podía hacer que una persona muriera con solo mirarla. En el juego, sin embargo, el Kongamato resulta ser una montura útil y puede invocarse utilizando un silbato especial Kongamato.

Sudáfrica tiene dos animales míticos especialmente interesantes. El primero es el Impundulu, el pájaro relámpago de los zulúes, que a menudo se identifica con el *hamerkop* («cabeza de martillo»), de aspecto extraño. Se trata de un enorme pájaro blanco y negro que invoca el trueno y el relámpago.

Aunque el Impundulu es un fenómeno natural, su asociación con las brujas, que pueden transmitir el control del ave a su familia, ha contribuido a convertirlo en un pájaro de mal agüero. Puede ser forzado a convertirse en el sirviente de una bruja, que puede utilizarlo para atacar a sus enemigos, y también puede convertirse en un vampiro que bebe sangre humana. No puede ser matado por ningún medio excepto, curiosamente para un pájaro relámpago, por el fuego.

Menos nocivo, pero aún muy molesto es el Tikoloshe o Tokoloshe, un espíritu travieso que tiene el poder de la invisibilidad. Es un coco común al que se puede invocar para asustar a los niños (arrancará de un mordisco los dedos de los pies cuando estén dormidos, o eso se dice). También puede provocar enfermedades graves o incluso la muerte de los enemigos. A diferencia del Impundulu, el Tokoloshe es fácil de eliminar, ya que cualquier pastor cristiano puede desterrarlo. Además, son enanos diminutos, así que si se pone las patas de la cama sobre ladrillos, no podrán hacer nada.

En la cultura urbana sudafricana, el Tokoloshe se ha convertido en una figura divertida, como el *gremlin* o el Grinch; aparece en las tiras cómicas y se le culpa de todo tipo de desgracias comunes.

Terminemos este capítulo con una historia del pueblo san y su héroe cultural Khaggen, «Mantis», que creó la tierra, el cielo y los animales. Demuestra que para algunos pueblos africanos no hay distinción entre el mundo animal y el humano, al menos en el mito.

La hija de Khaggen huyó para vivir con las serpientes. Su hijo, Cogaz, fue a buscarla y ella se mostró dispuesta a volver, pero le advirtió de que las serpientes intentarían morderlos. Así que se ataron tallos de hierba alrededor de las piernas para protegerse, y así consiguieron escapar de las serpientes.

Khaggen se enfadó porque las serpientes habían intentado morder a sus hijos, así que envió una inundación para ahogarlos. Sin embargo, el jefe de las serpientes y sus seguidores sobrevivieron. Khaggen los golpeó con su bastón y se convirtieron en hombres.

Más tarde, Khaggen oyó hablar de un grupo de gigantes que bebían sangre de mujer. Decidió enviar a Cogaz a matar a los gigantes, dándole uno de sus dientes para que se lo llevara. Cogaz encontró a una mujer prisionera de los gigantes y la liberó, pero los gigantes los persiguieron. Para escapar, Cogaz arrojó al suelo el diente de Khaggen, que creció hasta convertirse en una montaña. Desde lo alto de la montaña, Cogaz podía lanzar flechas envenenadas. Al darse cuenta de que Cogaz estaba en apuros, Khaggen decidió ayudarle. Cortó su bolsa de caza de cuero en tiras, que se convirtieron en perros y ahuyentaron a los gigantes.

Cuando los babuinos vieron a Cogaz recogiendo madera para fabricar arcos, decidieron matarlo antes de que pudiera utilizarlos. Colgaron su cuerpo en un árbol. Luego, cantaron canciones que degradaban a Khaggen. Sin embargo, cuando llegó Khaggen, cambiaron la letra, esperando que no hubiera oído lo que habían estado cantando. Sin embargo, una cría de babuino, que no sabía nada mejor, siguió cantando las viejas palabras. Khaggen se enfadó. Les taponó el trasero con una clavija de madera y los desterró a las montañas; por eso los babuinos tienen el trasero rojo y viven en el desierto.

Khaggen creó en secreto un eland a partir de la sandalia desechada de su yerno, frotándola con miel para que creciera. Su yerno se enteró y, como la sandalia era suya, pensó que el eland también debía ser suyo. Así que mató al eland para comer su carne. Khaggen encontró la hiel del eland, pero reventó y lo cubrió de mucosidad maloliente. Khaggen cogió una pluma de avestruz para limpiarse y, cuando se hubo deshecho de la mucosidad, arrojó la pluma al cielo, donde se convirtió en la luna.

Capítulo 7: Los héroes en el mito africano

Además de dioses y antepasados, en África abundan los héroes. A menudo se solapan con los otros reinos del mito, así como con la historia real. Algunos héroes tienen elementos en sus historias que recuerdan mucho a los cuentos de embaucadores, mientras que Sundiata Keita es el héroe arquetípico de Mali, pero también fue una figura histórica real.

El reino de Luba, en el sur de la República Democrática del Congo, se fundó en el siglo XVI y sus orígenes se remontan al príncipe Kalala Ilunga.

El déspota Nkongolo gobernó en el Congo. Casó a sus dos hijas con un cazador del este, Ilunga Mbidi Kiluwe, pero tras sentirse amenazado por el joven, persiguió a Ilunga hasta el exilio. El hijo de Ilunga, Kalala Ilunga, creció en el exilio junto con Mijubu wa Kalenga, el primer adivino. Con el tiempo, el joven príncipe decidió ir a ocupar su lugar en la corte de su abuelo.

Nkongolo invitó a Kalala Ilunga a bailar para él. Sin embargo, Mijubu advirtió al muchacho de que Nkongolo había cavado un pozo oculto y lo había llenado de lanzas donde Kalala Ilunga debía bailar. Así que, cuando Kalala Ilunga fue llamado, destapó la fosa oculta con su propia lanza y derrocó al tirano Nkongolo.

Desde entonces, la danza de la lanza (*kutomboka*) se baila al final de cada investidura de un nuevo jefe para conmemorar el acontecimiento.

¿Quién es el héroe de esta historia? Al parecer, depende de quién la cuente; para algunos, es el joven príncipe, pero para otros, es el adivino, Mijubu wa Kalenga.

(Por cierto, se dice que Kalala Ilunga introdujo el trabajo avanzado del hierro entre los luba. Las hachas finamente fabricadas se convirtieron en símbolos de poder y prestigio, aunque a veces están tan adornadas que podrían no haber sido utilizables como hachas).

En el recodo del río Congo, los mongo tienen un héroe que, como Kalala Ilunga, tenía una misión justiciera. La madre de Lianja se quedó embarazada y no pudo dar a luz durante mucho tiempo. Cuando por fin lo hizo, dio a luz a varios niños, hormigas, pájaros y tribus enteras de hombres. Lianja se negó a nacer de la forma normal, alegando que el conducto de parto de su madre ya había sido utilizado por demasiada gente. En su lugar, él y su hermana Nsongo nacieron de una herida hecha en el muslo de su madre.

El malvado Sausau había matado al padre de Lianja, e incluso antes de que se cortara el cordón umbilical de Lianja, esta empezó a hacerle la guerra a Sausau. Primero envió un enjambre de moscas y avispas, pero Sausau se protegió con nubes de humo. Después, envió varios clanes de hombres, pero Sausau mató a sus líderes, incluido el hermano de Lianja.

Finalmente, Lianja entabló un combate singular contra Sausau. Este último lanzó lanzas contra Lianja. Las lanzas lo atravesaron, pero volaron por el aire hacia Sausau. Las heridas de Lianja sanaban al instante, por lo que Sausau lanzaba lanza tras lanza sin efecto.

Finalmente, Lianja tiró a Sausau al suelo, pidió a Nsongo que le diera su cuchillo y le cortó la cabeza.

Hasta aquí, la típica historia de héroes, pero ahora da un giro extraño. Nsongo se había enamorado de Sausau. Después de que su hermano le ofreciera una recompensa por su participación en la guerra, ella le pidió que devolviera la vida a Sausau. Así lo hizo Lianja y entregó a Sausau a su hermana como esclavo.

A continuación, Lianja devolvió la vida a todos los soldados muertos de ambos bandos y, junto con Nsongo, los condujo a través del bosque hasta la tierra que le habían prometido.

Otro relato cuenta cómo Lianja y Nsongo tuvieron que refugiarse de un ogro en un árbol baobab. El árbol los protegió, pero el ogro llamó a sus amigos para que le ayudaran. Los ogros desgarraron la corteza y las ramas del árbol antes de rendirse y marcharse. Antes de volver a partir,

Lianja curó el baobab. Es un héroe que tiene a la vez tendencias guerreras y pacíficas; en otras palabras, es un sanador y un guerrero.

Jeki la Njambe de los duala, en la costa de Camerún, era un medio hermano menor despreciado por los otros ocho hijos de su padre, Njambe. La única hija de su madre había sido robada por un chimpancé y, aunque estaba muy embarazada, no pudo dar a luz. En una ocasión, cuando la obligaron a apilar leña, Jeki saltó de su vientre para ayudarla y luego volvió a saltar. En otra ocasión, las nueve esposas habían estado buscando gambas en los bajíos de la costa, pero la marea empezó a subir. De nuevo, saltó del vientre de su madre y las rescató a todas antes de volver a saltar dentro.

Finalmente, Jeki pensó que había llegado el momento de nacer. Antes de salir, su madre dio a luz telas tejidas, lingotes de metal, instrumentos musicales, amuletos, una canoa y, finalmente, al propio Jeki, junto con su amuleto especial, Ngalo.

Jeki era odiado por su padre y sus hermanos. Su padre lo ponía a prueba mostrándole un gran cofre de madera y preguntándole qué contenía. Jeki recibía una paliza por cada respuesta incorrecta. «Tela», decía. No, no era tela, y todos sus hermanastros lo pegaron. «Oro», dijo a continuación, pero también era incorrecto, así que lo volvieron a pegar.

Finalmente, dio la respuesta correcta, que había sabido desde el principio:

—Un solo piojo de tu cabeza, padre. Ah, y es hembra. —Pero ahora sabía cuánto lo odiaban sus hermanos.

Poco después, Jeki fue llamado por su padre y se le ordenó lavar un gran cofre de madera. Cuando su padre llegó al poder, invocó a varios animales mágicos y los encerró, lo que se convirtió en el secreto de su poder. En este cofre había un feroz leopardo que había aprisionado mágicamente.

Jeki estaba a punto de abrir el cofre, pero su amuleto Ngalo le advirtió que no lo hiciera, diciéndole que primero lo llevara al río y lo lavara por fuera. Jeki llevó el cofre a las profundas aguas y lavó todo el exterior. Cuando estuvo listo para sacarlo del río y limpiar el interior, el leopardo se había ahogado.

Otra de las defensas mágicas de Njambe era un cocodrilo gigante. Propuso una tercera prueba para Jeki. Este debía traerle el cocodrilo. Jeki cogió su canoa, que había nacido justo antes de aparecer del vientre de su madre, e invitó cortésmente al cocodrilo a un consejo en la aldea. A continuación, convocó una gran ola que arrastró al cocodrilo hasta la aldea, donde se comió unas cuantas vacas para desayunar antes de que Njambe pudiera deshacerse de él.

Por último, Njambe pidió a Jeki que se subiera a la enorme palmera en busca de nueces. En la copa de la palmera vivía otra criatura mágica, el feroz pájaro kambo. Así que Jeki pidió a sus hermanastros que subieran al árbol primero, y así lo hicieron. El pájaro kambo mató a uno tras otro. Cuando todos murieron, Jeki subió al árbol, protegido por su amuleto Ngalo, y recogió las nueces. Atrapó al pájaro kambo y lo quemó hasta matarlo.

Luego, encontró la medicina y devolvió la vida a sus hermanos.

Más tarde, fue a la tierra de los chimpancés para encontrar a su hermana. Los chimpancés le mostraron docenas de mujeres encantadoras, todas iguales, y le dijeron que eligiera. Por suerte, Ngalo había vuelto a dar un buen consejo a Jeki. Así, Jeki envió a una abejita, que pudo distinguir fácilmente a la verdadera hermana de las falsas.

Los héroes trágicos también existen. En Benín se cuenta la historia de Aruan. Era uno de los dos hijos que le nacieron el mismo día al rey Ozolua del pueblo kyama. Pero Aruan no gritó, mientras que su hermanastro Esigie sí lo hizo. Por eso, todos pensaron que Esigie había nacido primero, y se convirtió en el heredero. Sin embargo, Ozolua favoreció a Aruan y le dio una espada mágica. Le dijo a Aruan que la plantara en la tierra donde estaría su capital. Ozolua quería ser enterrado allí cuando muriera.

Pero Esigie engañó a Aruan para que plantara la espada en un mal lugar. Uno de los sirvientes de Aruan cavó una fosa y la llenó con sus lágrimas para crear un enorme lago. Cuando Ozolua murió, Esigie robó el cuerpo y lo enterró en Benin. Aruan se fue a la guerra llevando una campana en el pectoral. Dijo a sus sirvientes que si oían la campana, significaba que había perdido, y que debían arrojar toda su casa y todas sus posesiones al lago.

Aruan ganó la guerra, pero mientras celebraba su victoria, la campana cayó al suelo y se apagó. Cuando regresó, encontró su hogar devastado. Afligido, se arrojó al lago y se ahogó.

Los fulani cuentan la historia de otro príncipe despreciado, Goroba-Dike, que era hijo menor. No tenía herencia, así que se disfrazó de campesino y consiguió trabajo de herrero.

La princesa Kode Ardo declaró que solo se casaría con un hombre cuyos dedos fueran lo suficientemente pequeños como para que pudiera llevar un diminuto anillo que ella llevaba en el dedo meñique. Muchos lo intentaron, pero solo Goroba-Dike podía llevarlo. Así que la princesa tuvo que casarse con el hijo del herrero.

El rey y todos sus guerreros partieron para hacer la guerra a los tuaregs, que habían asaltado su ganado. Goroba-Dike fue con ellos, montado en un burro. Sin embargo, cuando salieron de la ciudad, se equivocó de dirección. Todos se rieron de él, especialmente los otros yernos del rey.

En secreto, Goroba-Dike se transformó en un espléndido jinete y se reincorporó al ejército. Dijo a los yernos del rey que lucharía por ellos si cada uno le daba una de sus orejas, y así lo hicieron.

La esposa de Goroba-Dike, Kode Ardo, fue secuestrada por los tuaregs, y él la rescató, luciendo aún su espléndido aspecto. Lo habían herido en el brazo, y ella utilizó un trozo de su vestido para vendar la herida.

Esa noche, apareció de nuevo en la corte como mozo de herrero. Kode Ardo vio de pronto que su marido «campesino» había sido herido exactamente en el mismo lugar que el espléndido guerrero y que su herida estaba vendada con el paño que ella le había dado. Contó su historia, pero los yernos se mostraron desdeñosos; dijeron que se lo había inventado todo.

Entonces contó que cada uno de los yernos le había regalado una oreja. Mostró el collar de orejas, y cuando el rey miró a sus yernos, vio que a todos, excepto a Goroba-Dike, les faltaba una oreja.

Kobe Ardo supo ahora que tenía un marido real, y el rey quedó tan impresionado que entregó todo su reino a Goroba-Dike en agradecimiento.

Muchos de estos héroes tienen un nacimiento y una infancia atípicos. Aiwel Longar, de los dinka/bor de Sudán, es otro enfant terrible. Nació cuando un dios del río oyó llorar a una anciana viuda por no tener un hijo. El dios se apiadó de ella y le dio un hijo. Aiwel Longar nació con una dentadura completa, lo que indicaba que tendría un gran poder espiritual. Además, ya era capaz de caminar y hablar. Le ordenó a su madre que no contara a nadie su nacimiento o moriría, pero ella hizo caso omiso. Ella murió, así que Aiwel se fue a vivir con su padre, el dios del río, hasta que creció.

Cuando Aiwel regresó a la aldea, tenía un buey de cada color y se hizo cargo del ganado del difunto marido de su madre. Llegó una sequía al campo, y mientras el ganado de todos los demás adelgazaba, el de Aiwel seguía gordo. Cuando tocaba la tierra, brotaba agua y crecía la hierba. Con el tiempo, gracias a estos dones, se convirtió en el jefe de la aldea. Su lanza era el signo de su divinidad, y los sacerdotes maestros de la lanza aún remontan sus orígenes a él y sacrifican bueyes en su honor.

Las mujeres solteras suelen ser problemáticas en los cuentos africanos. En muchos de estos cuentos, las mujeres no quieren ser solteras, y se acepta que las mujeres son criaturas sexuales. Pero a veces, se convierten en heroínas. Yennenga, la hija de un rey, tenía edad suficiente para casarse, pero su padre no le encontró marido. Así que se buscó un compañero. Sin embargo, al rey no le gustó que se quedara embarazada y ordenó su muerte. Sus amigas se enteraron de la orden y la advirtieron. Juntas, robaron caballos de los establos reales y escaparon. Pero Yennenga cabalgó tanto que sufrió un aborto.

Tras muchas aventuras y cabalgar mucho, llegó a la tierra de Rialle, el cazador de elefantes. Al principio, Rialle creyó que Yennenga era un hombre joven, ya que cabalgaba vestida de hombre y sus amigos la trataban como si fuera un jefe. Pero más tarde, ella le contó la verdad y se casaron. Llamó a su hijo Semental en recuerdo del caballo cuya velocidad le salvó la vida. Se cree que la casa real de los Mossi de Burkina Faso desciende de ella.

Los Sereer de Senegal cuentan una historia similar sobre su casa aristocrática de Guelowar. Los Guelowar son matrilineales y la herencia se transmite por línea femenina. ¿Cómo surgió?

Una princesa mande se enamoró de un músico *griot*. Las princesas y los *griots* no se llevan bien, son de clases diferentes. Ella sabía que su padre nunca la dejaría casarse con el *griot*. Pero estaba perdidamente enamorada. Cuando se quedó embarazada, tuvo que huir y acabó viviendo en una cueva al borde del océano.

El rey de aquella tierra oyó hablar de la hermosa mujer de la cueva y fue a comprobar por sí mismo si era tan bella como le habían contado. Se enamoró inmediatamente y le pidió que se casara con él. Ella estaba embarazada y pensó en su hijo por nacer. Aceptó casarse con él si lo convertía en su heredero. Él aceptó y ella se fue con él.

Cuando nació su hijo, era una niña. Inmediatamente, el rey hizo proclamar que los hijos de la niña gobernarían la tierra después de él, razón por la cual los Guelowar siguen transmitiendo la herencia a través de la madre, no del padre.

Por último, en una encantadora historia shona encontramos un héroe de otro tipo: un músico que tocaba la kalimba (mbira), o piano de pulgares, como lo llaman algunos. Era el hijo mayor de un padre pobre, y solo habían ahorrado lo suficiente para que un hijo se casara. El hijo menor encontró esposa, así que el mayor tuvo que partir en busca de fortuna. Se llevó su kalimba para pasar el tiempo durante el viaje.

Primero llegó a la tierra de las liebres, pero estas le taponaron las orejas y no le dejaron pasar. Como no podía ir más lejos, se sentó y tocó la kalimba. Para su sorpresa, las liebres empezaron a bailar al son de la música, y él pudo pasar a su tierra y seguir su camino.

Luego tuvo que atravesar el territorio de los antílopes, pero estos le amenazaron con sus cuernos retorcidos. Una vez más, se sentó y tocó su kalimba, y los antílopes empezaron a bailar. Siguió adelante.

Entonces se topó con una manada de leones, que le rugieron y le enseñaron sus enormes dientes. Pero ahora confiaba en que su kalimba haría magia, y así fue. Los leones se revolcaron con las patas en alto y acabaron durmiéndose.

Por fin, el músico llegó a un lago, se sentó a descansar y empezó a tocar solo para su propio placer.

Pero los espíritus del agua que vivían en el lago se reunieron para escuchar y decidieron que el músico debía tocar para su rey. Lo llevaron bajo el agua hasta el palacio del rey y tocó delante de la corte real. Al rey le encantó la música y le dio una esposa y un pueblo en la tierra submarina.

El hermano mayor, aún lleno de amor por su familia, fue a contarles la buena fortuna que había encontrado, pero su hermano pequeño no quiso ir. Entonces, el músico regresó bajo el lago, y nadie lo ha vuelto a ver desde entonces.

Capítulo 8: Reyes y reinas míticos y legendarios

Como se ha visto en el último capítulo, hay diversos grados de «mítico», desde la invención pura y simple hasta la historia recordada oralmente. Los historiadores no siempre se ponen de acuerdo sobre el grado de mitificación de estas figuras. Por ejemplo, la reina de Saba podría haber sido la reina de Yemen, que compartió gran parte de su cultura con el Cuerno de África en la antigüedad y ni siquiera se encuentra en África. Por otro lado, Akenatón es conocido por sus propios monumentos, y se puede ver la coronación de Ras Tafari en un noticiario de 1930.

Akenatón fue el décimo gobernante de la XVIII dinastía de Egipto. Llegó al trono en 1353 a. e. c. como Amenhotep IV, pero pronto cambió su nombre por el de Akenatón, incorporando el nombre del disco solar Atón. A su vez, Atón se convirtió en el dios patrón de su casa real, sustituyendo a Amón-Ra y a todos los demás dioses.

Akenatón trasladó su capital a Amarna, donde patrocinó un nuevo estilo de arte egipcio, más alargado y realista que los estilos precedentes. Convirtió a la familia real en el único vínculo entre Atón y el pueblo, y los relieves lo muestran a él, a Nefertiti y a sus hijas en escenas íntimas de la vida familiar, no en las procesiones jerárquicas del arte anterior[7].

---

[7] El arte egipcio rara vez muestra a los hijos varones del rey, a menos que hayan recibido un alto cargo.

Las reformas de Akenatón podrían haber tenido como objetivo demostrar la primacía de su dios particular, debilitando a otros sacerdocios que eran fuentes de poder rivales del faraón; sin embargo, muchos expertos creen que sus opiniones se acercaban más al monoteísmo.

Su esposa, **Nefertiti**, o Neferneferuatón Nefertiti en su forma completa, es bien conocida por su majestuosa belleza. El busto de Nefertiti en el Museo de Berlín se considera una de las obras maestras del arte egipcio, y su belleza contrasta extrañamente con las representaciones casi deformadas de su marido.

Nefertiti podría no haber sido solo un rostro hermoso. Es muy posible que gobernara por derecho propio. Según una interpretación de las pruebas, cinco años antes de la muerte de Akenatón, este nombró a Nefertiti cogobernante de Egipto y la rebautizó como Anjjeperura Neferneferuatón. A la muerte de Akenatón, Nefertiti adoptó un nuevo nombre regio, reinando como Anjjeperura Semenejkara y actuando como regente de su hijastro, Tutankamón.

Nefertiti debió de intentar mantener vivos los sueños de su marido, pero las cosas empezaron a desmoronarse. Nadie sabe muy bien cómo, pero el niño rey Tutankamón reintrodujo a los antiguos dioses, y cuando murió, le tocó gobernar Egipto al padre de Nefertiti, Ay, y luego al general Horemheb. La capital de Akenatón se perdió bajo las arenas y sus monumentos fueron desfigurados. Su nombre se borró de las inscripciones y las listas de reyes de los faraones posteriores no lo mencionan.

Hatshepsut fue otra mujer faraón. Fue la quinta faraona de la XVIII dinastía. Egipto estaba entonces en la cúspide de su poder, y Hatshepsut se encontraba en la cima del árbol. Era hija de Tutmosis I y la gran esposa real de su hermanastro Tutmosis II. Este último murió joven, hacia 1479 a. e. c. A su muerte, su hijastro se convirtió en faraón con el nombre de Tutmosis III, y ella asumió el poder primero como regente (ya que él era solo un niño) y más tarde como cogobernante. Cuando Hatshepsut asumió el poder, se la representó como un faraón masculino con un paño de *jat* en la cabeza y una barba postiza.

Hatshepsut se convirtió en una gran mecenas de obras de construcción en Tebas (Lúxor) y otros lugares, especialmente en Karnak y Deir el-Bahari, donde construyó su propio templo mortuorio. También financió una misión a la tierra de Punt, en el Cuerno de África;

los detalles de la expedición se muestran en los relieves de Deir el-Bahari y muestran cómo se plantaron árboles de incienso procedentes de Punt en las explanadas del templo.

Al igual que Akenatón, Hatshepsut sufrió una campaña dedicada a borrar su memoria tras su muerte. Es posible que lo hiciera su nieto Amenhotep II, cuyo derecho al trono no era especialmente seguro. También pudo estar motivada por el deseo de borrar la memoria de las mujeres gobernantes (y lo que es peor, desde el punto de vista patriarcal, de una mujer gobernante exitosa).

La **reina Amina** fue una reina hausa de Zazzau, con capital en la ciudad de Zaria, en Nigeria. Es una figura controvertida. Algunos historiadores creen que es solo una figura mítica y que las leyendas populares sobre su reinado pueden no reflejar la realidad. Nació a mediados del siglo XVI y era hija del rey de Zazzau. Cuando su hermano se convirtió en rey, ella dirigió su caballería. (Las mujeres guerreras están bien documentadas en tiempos históricos, como se verá más adelante en este capítulo).

Cuando el rey murió, Amina ocupó el trono. Se negó a casarse y puso a Zazzau en marcha un programa expansionista. En aquella época, había siete estados hausa diferentes; ella se enfrentó a los otros seis y creó un imperio mayor. Se cuenta que, en cada ciudad que conquistaba, se casaba con un nuevo amante, pero a la mañana siguiente lo ejecutaba para que no pudiera desafiar su dominio. *Probablemente* no sea cierto.

Sea cual sea la verdad de su historia, Amina ha servido de poderosa inspiración para la cultura negra del siglo XXI. Aparece en el videojuego *Age of Empires III*, y su historia es leída por el recién alfabetizado Kingsley Smith a su familia en la película *Education*, de Steve McQueen.

Kandake o Candace no era un nombre, sino el título dado a las reinas (o más bien reinas madres) de Kush. El Imperio kushita tenía su sede en la ciudad de Meroe, en Sudán, que era un rico centro comercial en el Nilo. La sucesión era matrilineal: la hermana del rey se convertía en kandake y su hijo en el siguiente gobernante. La primera kandake que gobernó por derecho propio parece haber sido Narhiqo, en torno al año 170 a. e. c., y al menos siete kandakes gobernantes la sucedieron a lo largo de los años.

La kandake Amanirenas fue una de las más famosas. Nacida hacia el año 40 a. e. c., dirigió los ejércitos kushitas contra los invasores romanos y aparece mencionada por el geógrafo griego Estrabón, contemporáneo suyo. Al parecer, era ciega de un ojo, lo que no le impidió ser una guerrera formidable y negociar una paz ventajosa con Roma. El Imperio kushita no se desintegró hasta la posterior aparición de Axum.

En los romances medievales sobre Alejandro, que a menudo tienen muy poco que ver con los hechos históricos de las campañas de Alejandro Magno, Candace aparece como reina de Etiopía e incluso se casa con Alejandro. Así se menciona en la Biblia a «Candace, reina de los etíopes», cuyo eunuco se convirtió al cristianismo (Hechos 8:27-39).

Makeda es conocida como la reina de Saba, y su historia se relata en el texto etíope *Kebra Nagast,* o *Gloria de los reyes,* escrito hacia 1321. Se dice que reinó en torno al año 1000 a. e. c.

El padre de Makeda era un extranjero que llegó a Etiopía y descubrió que el pueblo estaba oprimido por una serpiente malvada. Mató una cabra, la llenó las tripas de veneno y se la dejó a la serpiente. La serpiente se la comió y murió, y en agradecimiento, el pueblo lo nombró rey.

El rey tuvo una hija, Makeda, que le sucedió como gobernante de Saba. Habiendo oído hablar de la riqueza del reino de Salomón a los mercaderes etíopes que comerciaban con Israel, se dirigió a Jerusalén. Recorrió los monumentos, estudió con el sabio rey Salomón e incluso aceptó su fe judía.

La noche antes de regresar a Saba, Salomón le ofreció un banquete de despedida muy condimentado y salado. Con astucia, no le dio nada de beber. Luego la convenció para que durmiera con él en la misma habitación, pero le hizo jurar que no le quitaría nada por la fuerza. Él le hizo jurar lo mismo a cambio.

Como parte de su plan, Salomón había colocado un cuenco de agua clara en medio de la habitación, entre sus camas. Makeda tenía cada vez más sed, pero cuando se acercó de puntillas al cuenco y empezó a beber, Salomón se despertó y la acusó de haber cogido el agua a la fuerza, rompiendo su promesa.

Le dijo que, puesto que ella había faltado a su palabra, la suya ya no era válida, y se acostaron juntos como Salomón había planeado. Por la mañana, Salomón le dio un anillo a Makeda. Le dijo que si tenía un hijo varón, debía enviarlo a Jerusalén con el anillo como símbolo. A pesar de su oposición, su hijo, Bayna Lejem, consiguió su permiso para ir a Jerusalén. Salomón amaba a Bayna Lejem y quería que sucediera en el trono del reino de Israel, pero el joven insistió en regresar a Etiopía.

Algunos dicen que Salomón le regaló el Arca de la Alianza, mientras que otros afirman que Bayna Lekhem la robó del templo, colocando un duplicado perfecto en su lugar. Algunos creen que Etiopía aún conserva el Arca de la Alianza, o el Tabot, en la iglesia de Santa María de Sion en Axum.

Bayna Lekhem, o en árabe Ibn al-Hakim, «hijo del sabio», se convirtió en el primer emperador de Etiopía. Tomó el nombre regio de Menelik I, que es simplemente una traducción de Ibn al-Hakim y subraya la ascendencia de la casa real etíope desde el rey Salomón. Menelik fue el primer emperador de la dinastía salomónica que gobernó Etiopía hasta la época de Haile Selassie, depuesto en 1974.

La verdad es más prosaica. Los historiadores creen que la dinastía salomónica se fundó en 1262 e. c., cuando fue depuesto el último gobernante Zagwe de Etiopía. Yekuno Amlak tomó el poder en Amharaland (la provincia central de Etiopía) como emperador Tesfa Iyasus. Y, como ya se ha dicho, algunos expertos creen que la reina de Saba gobernó en Yemen, no en Etiopía, mientras que otros creen que nunca existió.

Un rey africano que entró en la mitología europea, pero que nunca se encontró en África fue el Preste Juan. En un principio se pensó que gobernaba la India, pero en 1250 los occidentales empezaron a creer que gobernaba Etiopía, ya fuera como rey o como cabeza de la Iglesia etíope. En 1441, el emperador Zara Yaqob de Etiopía envió delegados al Concilio de Florencia, un concilio ecuménico de la Iglesia católica. Aquellos delegados se quedaron atónitos al descubrir que representaban al «Preste Juan». Para ellos, era Kwestantinos I (Zara Yaqob) de la Casa de Salomón. No era la última vez que los europeos se mostraban incapaces de distinguir entre la realidad africana y la ficción.

Algunos mitos africanos sobre la fundación de reinos incluyen referencias al mundo musulmán y árabe. Djenne, en Malí, es conocida por su inmensa mezquita de adobe y otras construcciones de adobe. Era una ciudad importante en la ruta comercial sahariana, como Tombuctú. Un hombre del país cercano a Djenne había ido a Arabia, donde luchó en nombre del profeta Mahoma. El profeta se fijó en la valentía con la que luchaba aquel hombre y, tras la batalla, le preguntó quién era y de dónde venía.

El guerrero se lo contó y Mahoma le dijo: «Vuelve a tu país y fundarás una gran ciudad que se convertirá en una joya del islam».

El hombre regresó a Djenne, donde consiguió un emplazamiento para su nueva ciudad. Pero cada vez que intentaba construir las murallas, se derrumbaban. Finalmente, pidió ayuda a las tribus Bozo y Nono que vivían cerca. Le dijeron que allí vivía un espíritu que estaba derribando los muros. El espíritu tendría que recibir un sacrificio.

Algunos dicen que el jefe de la tribu Bozo entregó a su hija para que la enterraran viva en el lugar donde estaba la ciudad. Otros dicen que el propio guerrero tuvo que hacer ese sacrificio. Sea cual sea la versión que se acepte, la historia parece una mezcla bastante extraña de tradiciones africanas e historia islámica.

Yaa Asantewaa, a diferencia de la reina de Saba, es una figura histórica comprobada. Fue la líder guerrera del reino Ashanti de Ghana.

Yaa Asantewaa nació en 1840. Su hermano, Nana Akwasi Afrane Opese, gobernaba Edwesu, y ella se convirtió en reina madre de Ejisu. Durante el reinado de su hermano, los británicos presionaban al Imperio ashanti, al igual que a gran parte del resto de África. Al mismo tiempo, las recientes guerras civiles habían debilitado a los ashanti. Cuando el hermano de Yaa Asantewaa murió, ella nombró a su nieto gobernante de Edwesu y se convirtió en su regente cuando este, junto con el rey de Ashanti, fue exiliado por los británicos.

Los británicos exigieron el Taburete dorado de los ashanti, símbolo de su soberanía y realeza. Se celebró un consejo para discutir qué medidas tomar. Varios nobles ashanti propusieron acceder. Yaa Asantewaa no estaba de acuerdo; los ashanti habían sido humillados y había llegado el momento de luchar. Cogió un arma y la disparó al aire para mostrar su voluntad de liderar. Fue elegida para liderar el ejército ashanti contra los británicos.

Fue el último hurra del Imperio ashanti. Los británicos reclutaron nuevas tropas y Yaa Asantewaa fue exiliada a las Seychelles, donde murió en 1921. Pero es muy querida y respetada en Ghana como opositora al colonialismo británico y precursora de la independencia ghanesa, conquistada por fin en 1957.

Otra reina muy respetada fue la **reina Tin Hinane de los tuareg**. Huyó de las ricas tierras del Magreb (los actuales Marruecos y Argelia) al quedarse embarazada fuera del matrimonio. Su sirvienta Takamata la acompañó en su huida; Takamata también estaba embarazada.

Pero en medio del Sáhara, agotaron sus reservas de alimentos. Tin Hinane estaba exhausta y a punto de morir. Takamata no veía árboles, ni plantas, ni animales, pero encontró un hormiguero y lo abrió. En su interior encontró el grano que las hormigas habían almacenado y se lo llevó a su reina. La escasa comida devolvió la energía a Tin Hinane y pudieron continuar.

Cuando llegaron a Tamanrasset, la reina dio a luz a una hija y Takamata tuvo niñas gemelas. Fueron las madres fundadoras de los tuareg, que siguen siendo un pueblo matrilineal hasta el día de hoy.

Shaka Zulú fue el fundador del Imperio zulú y transformó la historia del pueblo zulú. Nació como Shaka kaSenzangakhona hacia 1787 y era hijo ilegítimo del rey Senzangakhona kaJama. Shaka luchó como jefe de unidad y después como general a las órdenes de Inkosi Dingiswayo, príncipe y más tarde rey del Imperio Mthethwa. Dingiswayo había consolidado su poder asimilando los cacicazgos cercanos, lo que influyó en la política de Shaka. Aunque Shaka creó un ejército enorme y temible, a menudo prefería hacerse con el poder a través de la diplomacia.

En 1816, a la muerte del padre de Shaka, este decidió reclamar el cacicazgo a su hermanastro Sigujana. Un año después, Dingiswayo fue asesinado en combate por Zwide de los Nxumalo. Shaka acogió lo que quedaba del ejército Mthethwa en su propia fuerza de combate y se dispuso a vengarse. Hizo encerrar a la madre de Zwide en una casa llena de hienas, que la mataron y se la comieron, pero no pudo atrapar a Zwide hasta mucho después.

Shaka convirtió al pueblo zulú en una nación de guerreros. Cambió su forma de luchar, introduciendo una lanza más corta en lugar de la *assegai* y enseñando a sus hombres a utilizar sus escudos para derribar los del enemigo, dejándolos desprotegidos. Se dice que hacía marchar a sus hombres sin sandalias para endurecerles los pies, y que su ejército podía moverse con rapidez cuando era necesario, marchando hasta ochenta kilómetros al día.

Shaka también parece haber inventado la famosa formación zulú de «cuerno de búfalo». El «pecho» o centro de su ejército luchaba cuerpo a cuerpo con el enemigo, y luego los «cuernos» entraban en la batalla, flanqueando al enemigo por ambos lados. En caso de que el enemigo irrumpiera, los «lomos» del toro esperaban entre bastidores, dando a los hombres de Shaka la confianza de que contaban con una fuerza de reserva fresca.

A pesar de su éxito, Shaka se granjeó serios enemigos, sobre todo tras la muerte de su madre, Nandi, en 1827. Parece que enloqueció de dolor; ejecutó a miles de personas, ordenó que no se plantaran cosechas y que no se bebiera leche. Al año siguiente, cuando envió a la mayoría de sus tropas en campaña hacia el norte, sus hermanastros lo asesinaron. Dingane se hizo con el cacicazgo.

Oba Oduduwa era el Olofin (gobernante tradicional) de Ile-Ife y el rey divino de los yoruba. En la tradición yoruba, se dice que fue el primer gobernante del estado de Ife y el antepasado de las casas reales de Yoruba. Muchos dicen que todos los yoruba descienden de Oba Oduduwa.

Antes de la época de Oduduwa, la zona de Ife estaba dividida en trece estados diferentes, cada uno con su propio Oba (rey divino). Como Olofin de la ciudad de Ile-Ife, Oduduwa utilizó su influencia para reunir los trece estados en un solo reino, usurpando a su hermano Obatala y creando una dinastía que incluía no solo al primer Ooni de Ile-Ife (líder espiritual del pueblo yoruba), sino también a las casas reinantes de Benin y el Imperio de Oyo.

Sin embargo, algunos musulmanes prefieren creer que Oduduwa era un príncipe de La Meca exiliado en África.

Las cosas se ponen un poco confusas porque los yoruba consideran a Oduduwa y a su hermano Obatala no solo figuras históricas, sino también dioses primordiales u orishas. Eran tan antiguos como el tiempo y enviados por el creador Olodumare. Por tanto, si pertenecen al reino del mito, al mundo real o a ambos es una cuestión intrigante.

Lo mismo puede decirse de la historia de **Sundiata Keita**, fundador del imperio maliense. La epopeya de Sundiata ha sido cantada por *griots* durante siglos, y sabemos que Sundiata existió porque los viajeros-historiadores árabes ibn Battuta e ibn Jaldun corroboran ciertos elementos de su historia. Sin embargo, los historiadores sospechan que algunos detalles se añadieron posteriormente.

Según la epopeya, dos esposas, la bella Sassouma Bereté y el feo jorobado Sogolon Condé, del jefe Nare Famagan quedaron embarazadas al mismo tiempo. Sogolon dio a luz a Sundiata y envió a una anciana desde su choza para decirle a su marido que había llegado su tan esperado heredero. Sin embargo, la anciana se detuvo a comer de camino a la cabaña del rey, por lo que la noticia del nacimiento del hermanastro de Sundiata llegó primero. Dankaran Touman, hermanastro de Sundiata, fue aceptado como primogénito y nombrado heredero de Nare Famagan.

Sassouma Bereté sospechaba que Sogolon Condé no quería hacerle ningún bien, así que hizo que se lanzaran hechizos para lisiar a Sundiata. El niño tuvo que arrastrarse de pies y manos, y su madre se sintió humillada. Cuando le pidió a Sassouma Bereté que le diera unas hojas de baobab para una comida especial, su rival le dijo con maldad que le pidiera a Sundiata que se subiera a un árbol y las recogiera.

—¿Por qué no puedes levantarte? —preguntó enfadada Sogolon Condé a su hijo.

—Lo haré —respondió él y pidió a los herreros que le forjaran barras de hierro para usarlas como muletas.

Sin embargo, cuando intentó levantarse, las rompió. Entonces pidió un bastón de madera de jonba, que su madre cortó para él. Con él, Sundiata pudo levantarse y caminar.

A medida que caminaba, se hacía más fuerte y se dirigía hacia el baobab. Cuando llegó, se había hecho muy fuerte. Así que, en lugar de coger las hojas, cogió el árbol entero y se lo llevó a casa de su madre.

Dankaran Touman acabó convirtiéndose en rey. Sundiata se convirtió en un gran cazador, pero nunca desafió a su hermanastro por el trono. Sin embargo, Dankaran Touman seguía sintiéndose amenazado, así que pidió a las nueve brujas de la región de Manden que se deshicieran de su rival. A cambio de este favor, Dankaran Touman les dio un buey para que lo compartieran entre ellas. Cuando Sundiata se enteró de esto, dio a las brujas nueve búfalos —uno a cada una— y ellas prometieron no interferir nunca con Sundiata.

Entonces, viendo que nunca podría vivir con su hermano, Sundiata se exilió a Mema, junto con su madre y sus hermanos pequeños.

Dankaran Touman era un gobernante débil, y su reino acabó siendo invadido por Sumanguru, que se apoderó del país y gobernó como un tirano. Nadie sabía adónde había ido Sundiata, así que se envió una misión con especias desde el país de Manden. En cada ciudad y aldea, colocaron las especias en el mercado. Nadie sabía lo que eran. Entonces, en Mema, la hermana de Sundiata vio las especias y rápidamente las compró todas, invitando a los comerciantes a comer con ella. Sundiata estaba allí, por supuesto, y los miembros de la misión le pidieron que reconquistara el Manden. Sundiata dijo que su madre era demasiado vieja para viajar, y que tenía que quedarse con ella. Cuando su madre murió tranquilamente aquella noche, supo que estaba destinado a gobernar los 33 clanes del Manden.

Sundiata invadió, pero no pudo derrotar a Sumanguru, que estaba defendido por una potente magia. La hermana de Sundiata, Sogolon Kulunkan, que era una gran belleza, se dirigió al palacio de Sumanguru para seducirlo. Sumanguru quería acostarse con ella, pero ella no quiso entrar en la alcoba hasta que él le contara todos sus secretos.

La madre de Sumanguru pasaba por la tienda y le advirtió: «¡No le cuentes tus secretos a una aventura de una noche!». Por supuesto, este consejo enfureció a Sumanguru, que hizo exactamente lo contrario. Le dijo a Sogolon Kulunkan que lo único que podía matarlo era una flecha con la punta de la espuela de un gallo blanco. Sogolon Kulunkan accedió a entrar en la alcoba, pero dijo que primero tenía que lavarse. Tardó mucho. Sumanguru la llamó y ella respondió: «¡Espera un poco!». Esperó y volvió a llamar. De nuevo, ella le dijo que esperara. Harto de esperar, fue al retrete y descubrió que ella había huido, dejando dos amuletos mágicos que hablaban en su nombre y le daban tiempo para escapar.

Ahora, Sundiata tenía el secreto. Fabricó una flecha con punta de espuela de gallo y partió en busca de Sumanguru durante la siguiente batalla. Sumanguru huyó, haciendo saltar a su caballo el ancho río Níger, pero la flecha de Sundiata lo alcanzó justo cuando llegaba al otro lado.

Una vez que Sundiata hubo establecido su imperio, quiso caballos. Se dirigió al rey de Wólof para comprar algunos. Pero el rey se negó a venderlos y le envió trozos de cuero con el insultante mensaje: «Es un cazador, no un rey. Que se haga zapatos. Puede ir andando a donde quiera». Sundiata declaró la guerra al Imperio wólof y nombró a Tira Magan Traore su general. Cada vez que Tira Magan ganaba una batalla, decía: «Sirvo a un cazador; solo paseo a los perros». Finalmente, capturó al rey de Wólof y le cortó la cabeza, diciendo: «Los perros han tenido un buen paseo. Me voy a casa».

Sundiata murió en 1255 y fue sucedido a su vez por tres de sus hijos. Con el tiempo, la rama de su hermano se hizo cargo de la sucesión y, en 1312, el sobrino nieto de Sundiata, Mansa Musa, accedió al trono.

A menudo se hace referencia a **Mansa Musa** como el hombre más rico del mundo. Cuando heredó el imperio, Malí ya era inmensamente rico. Controlaba el comercio de sal del norte a través del Sáhara y el comercio de oro del sur de África. En toda la zona del delta del Níger había al menos cuatrocientas ciudades con un alto nivel de vida. El Imperio maliense se había convertido en una verdadera civilización urbana.

Musa incorporó las ciudades de Gao y Tombuctú al Imperio maliense, aumentando enormemente su tamaño. También estrechó lazos amistosos con los sultanatos musulmanes del norte e hizo de Tombuctú un centro de erudición musulmana, creando la Universidad de Sankore. La visión del mundo de Musa era muy cosmopolita y atrajo a eruditos y artistas de todo el mundo musulmán. Además, patrocinó proyectos de construcción, como mezquitas y madrasas.

En 1324, Musa realizó el *hach* a La Meca, llevando consigo un enorme séquito (algunas fuentes afirman que lo acompañaban sesenta mil sirvientes) y vastas provisiones de oro. En El Cairo, su liberal reparto de regalos provocó una hiperinflación. Consiguió que Malí se hiciera famoso en el extranjero como país rico y civilizado, y esta reputación llegó hasta Occidente. En el Atlas catalán, elaborado hacia 1375, Mansa Musa aparece con una corona y un orbe dorados, sentado en su estado en el centro del mapa de África.

Ras Tafari fue el último emperador de Etiopía, y aunque su vida abarca los siglos XIX y XX, también él difumina los límites entre la historia y el mito.

Nació como Lij Tafari Makonnen y fue bautizado como Haile Selassie. Se lo llama Ras Tafari por el título nobiliario «Ras» añadido a su nombre secular. Nacido en 1892, era hijo de Makonnen Wolde Mikael, gobernador de Harar. Se hizo influyente en la corte de la emperatriz Zewditu y parece que participó en algún tipo de golpe de estado contra Lij Iyasu, el heredero original al trono que, según se rumoreaba, se había convertido al islam.

En 1916, Zewditu nombró príncipe heredero a Ras Tafari, que parece haber actuado como primer ministro. A su muerte, en 1930, se convirtió en Negusa Nagast, «rey de reyes» de Etiopía. Aunque no pertenecía a la línea directa, tenía linaje salomónico a través de su abuela, lo que le permitió acceder al trono.

Como emperador Haile Selassie, emprendió la modernización cautelosa de lo que en aquel momento era todavía un estado feudal. Fue responsable de la admisión de Etiopía en la Sociedad de Naciones, predecesora de las Naciones Unidas, y se convirtió en una celebridad en sus giras por Europa, Egipto y Oriente Próximo. En Jerusalén, adoptó a cuarenta huérfanos armenios que habían perdido a sus padres en el genocidio armenio; se les enseñó música en Addis Abeba y se convirtieron en la banda de música imperial. También desempeñó un papel decisivo en la creación de la Organización para la Unidad Africana en 1963, precursora de la actual Unión Africana.

Reformar Etiopía fue difícil. Haile Selassie dotó al país de una constitución, pero no consiguió una democracia plena debido a las objeciones de los nobles. Incluso sus reformas fiscales tuvieron que diluirse. La invasión de Etiopía por los italianos en la década de 1930 lo obligó a exiliarse en Gran Bretaña y, cuando liberó el país, fue con la ayuda del ejército británico. Desgraciadamente, se enfrentó a un dilema; cualquier reforma era demasiado para los nobles, pero no lo suficiente para la generación más joven.

A principios de la década de 1970, Haile Selassie se enfrentó a grandes problemas. Eritrea había sido incluida en Etiopía tras la Segunda Guerra Mundial, pero estaba librando una guerra por la independencia, que acabó ganando en 1991. Este conflicto puso a prueba los recursos del país. Al mismo tiempo, había hambrunas en las zonas del norte: Wollo y Tigray. En 1974, Haile Selassie fue depuesto y encarcelado, y murió en 1975 en circunstancias sospechosas.

Hasta ahora, hemos hablado del jefe histórico de un Estado africano. Sin embargo, para un gran número de personas de todo el mundo, es mucho más. El movimiento rastafari nació en la década de 1930 en Jamaica como una rama del grupo panafricanista de Marcus Garvey. Según los rastafaris, Ras Tafari era el Mesías que guiaría a la diáspora africana hacia la libertad; en otras palabras, era Dios encarnado..

Haile Selassie visitó Jamaica en 1966, donde fue recibido por más de 100.000 rastafaris en el aeropuerto de Kingston. Nunca negó explícitamente su creencia en él como Dios y concedió a algunos rastafaris tierras para vivir en Etiopía.

**

En la actualidad, asistimos a la creación de nuevas «versiones» míticas de los gobernantes africanos. Por ejemplo, Netflix ha suscitado polémica al contratar a un actor negro para interpretar a Cleopatra VII Filopátor (*esa* Cleopatra). Descendía de una familia macedonia y probablemente, si no era blanca, tenía la piel ligeramente morena. Podría decirse que esto nos importa más a nosotros ahora que a los egipcios de la época de Cleopatra, que eran un grupo extraordinariamente cosmopolita y ya habían sido gobernados por libios, persas y nubios.

Los gobernantes africanos aparecen en muchos videojuegos y programas de televisión. Shaka Zulú aparece en *Civilization*, la reina de Saba aparece como Bilquis en *American Gods* de Neil Gaiman, y Yaa Asantewaa ha tenido una serie de radio británica y un documental de televisión ghanés dedicados a ella. Mansa Musa aparece en *Civilization* y se enfrenta a Jeff Bezos en la serie de YouTube «Epic Rap Battles of History». (¡Merece la pena verlo!) Mientras tanto, el universo Marvel incluye el país Wakanda, que se inspira en la mitología africana y se representa como un centro tecnológico y una superpotencia africana.

Y, por supuesto, los gobernantes africanos modernos siguen haciendo historia. Nelson Mandela alcanzó el estatus de leyenda con su exitosa campaña contra el *apartheid* y su mandato como primer presidente de la «Nación del Arco Iris». Ellen Johnson Sirleaf se convirtió en la primera mujer elegida jefa de Estado en África al convertirse en la vigesimocuarta presidenta de Liberia (2006-2016). Quizá en el siglo XXII los niños vean en sus teléfonos móviles al superhéroe Mandela luchando contra las fuerzas del mal.

Capítulo 9: Historias chamánicas

El chamanismo es una tradición en la que los practicantes utilizan el trance o las drogas para alcanzar un estado alterado de conciencia y comunicarse con los seres espirituales. Por ejemplo, los chamanes siberianos y árticos utilizan el tambor para crear un estado de trance en el que pueden hablar con los espíritus de los animales, como el oso.

La posesión permite a las personas comunicarse con el reino de los dioses y los espíritus (incluidos, como siempre, los antepasados) y es habitual en la mayoría de las tradiciones religiosas africanas, incluidas las que se han extendido a América y el Caribe. Sin embargo, no siempre se llama «chamanismo». Los bailes con máscaras, por ejemplo, son una forma habitual de comunicarse con los dioses o los antepasados, y en muchas culturas africanas la adivinación es el aspecto más importante de la comunicación espiritual.

Por ejemplo, a menudo se considera que las enfermedades se deben a la brujería o a razones mágicas o religiosas, como el incumplimiento de rituales o tabúes. Esto no descarta las explicaciones científicas, sino que las complementa. Alguien puede sufrir un infarto porque tiene el corazón débil, pero también porque un compañero de trabajo le ha deseado el mal. Los curanderos recurren a la adivinación para encontrar las causas de enfermedades o problemas como la infertilidad, y luego suelen realizar una segunda adivinación para determinar el tratamiento adecuado.

En la religión kongo, un *nganga* (plural *banganga*) puede comunicarse con los espíritus y los antepasados. El trabajo del *nganga* es adivinar las causas de cualquier enfermedad y curar. Suelen llevar trajes aterradores. Algunos llevan máscaras blancas (el blanco es el color de los muertos), mientras que otros llevan una gruesa sombra de ojos blanca, junto con rayas rojas y amarillas en la cara. A veces se visten con pieles de animales salvajes y llevan collares de dientes de animales.

Los *banganga*, como otros chamanes, son religiosos y médicos al mismo tiempo, una dualidad reconocida en el nombre peyorativo de «médico brujo». De hecho, los sacerdotes cristianos de las zonas kongo solían llamarse *banganga*; al igual que los chamanes, se los consideraba intermediarios que transmitían mensajes entre el mundo humano y el espiritual.

Mientras que los chamanes siberianos fabricaban sus propios tambores como parte de su iniciación, los *banganga* creaban una escultura *nkisi* y la cargaban de poder espiritual. En el interior del *nkisi* se colocaba un botiquín, similar a la forma en que los curanderos nativos americanos crean su propio botiquín como fuente de poder y curación. El *nkisi* se activaba clavándole clavos o cuchillas y cantando.

En Sudáfrica hay dos tipos de practicantes. Los *inyanga*, similares a los *banganga*, y los *sangomas*, curanderos tradicionales. Sus ámbitos son diferentes, pero no se excluyen mutuamente.

Los *sangomas* siempre tienen una «llamada», a veces en un sueño o una visión. (Esta es, de nuevo, una característica común a casi todas las tradiciones chamánicas). Si la persona que ha recibido la llamada la ignora, tendrá mala suerte. Puede sufrir enfermedades graves hasta que acepte la llamada y busque un maestro. El periodo de aprendizaje implica vivir con un maestro, a menudo en condiciones austeras y en relativo aislamiento, durante un periodo que puede extenderse de varios meses a años.

La formación termina con un sacrificio y la prueba final de encontrar cosas que han estado ocultas. Los otros *sangomas* esconderán la piel y la vesícula biliar de una cabra sacrificada, así como los huesos sagrados de adivinación del aprendiz. El aprendiz de *sangoma* tiene que encontrar dónde están.

Los *sangomas* realizan su adivinación lanzando los huesos. Toda enfermedad es una forma de desarmonía, por lo que la tarea del *sangoma* es averiguar qué devolverá el equilibrio, la armonía y la salud. Puede ser en una persona, en una familia o en una comunidad. A continuación, el *sangoma* puede volver a arrojar los huesos para dar consejos específicos, que pueden incluir la reconciliación con parientes distanciados, hierbas medicinales o incluso medicina occidental.

Los *muthi*, o hierbas medicinales, que suelen ser drogas psicoactivas, se añaden a menudo al agua del baño o se cuecen al vapor para inhalarlas. Algunas pueden utilizarse como enemas o eméticos (para inducir el vómito). La mayoría de los *sangomas* recolectan sus propias hierbas siguiendo los consejos de los antepasados sobre el momento y el lugar adecuados para encontrarlas. Una vez más, se puede recurrir a la adivinación para encontrar las hierbas, o un antepasado puede hablar directamente con el *sangoma*.

Todos los *sangoma* están poseídos por espíritus ancestrales. Pero ahora muchos tienen que dividir su vida entre ser un *sangoma* tradicional y vivir una vida moderna, trabajando en una universidad o en la sanidad moderna. También existe un creciente movimiento *sangoma* LGBTQ+, que muestra cómo la tradición está evolucionando gradualmente para aceptar diferentes estilos de vida. (De hecho, una *sangoma* femenina puede ser poseída por el espíritu de un antepasado masculino y al revés, así que, a pesar de la naturaleza inflexible en cuanto al género de la sociedad tradicional zulú, esto no es tan exagerado como pueda parecer).

Ahora incluso hay *sangomas* blancos. Esto ha irritado a algunos, pero otros curanderos tradicionales explican que, aunque un *sangoma* blanco no tenga antepasados africanos, puede ser llamado por «espíritus extranjeros» con los que sus antepasados tenían una relación importante. Por ejemplo, alguien cuyo bisabuelo mató a un zulú puede ser llamado por ese espíritu.

Credo Mutwa, un chamán zulú, recorrió el camino de curandero tradicional indígena a gurú de la Nueva Era. Se involucró con encuentros extraterrestres y ufólogos. También adaptó elementos del mito de la creación dogon. Mientras que para algunos daba un sello de autenticidad a todo lo que tocaba como *sangoma* con formación tradicional, para otros era simplemente un fraude y un oportunista o un bicho raro. Creó lo que él llamaba aldeas culturales africanas; consideradas en su momento trampas para turistas, la gente está empezando a ver a Mutwa como un artista forastero, y las aldeas se interpretan como instalaciones artísticas más que como instituciones museísticas.

Zimbabue tiene médiums espirituales shona similares a los *sangomas*. Son los *svikiro* y, como los *sangomas*, sufren la posesión de espíritus ancestrales que pueden aconsejarles. Al ayudar a mantener el equilibrio y mediar entre el mundo espiritual y el humano, los *svikiro* protegen a su sociedad. Por eso gozan de gran prestigio y respeto. También suelen ser curanderos (aunque no siempre).

Algunos de los espíritus que canalizan son los *mhondoro*, «leones», que son los espíritus de reyes y caciques. Resulta interesante que, aunque existe la percepción de que muchas prácticas tradicionales están desapareciendo, tras la guerra civil de Zimbabue se produjo un enorme resurgimiento de las prácticas de espiritismo. La gente buscaba ayuda con sus experiencias de violencia, y el *svikiro* les dio una forma de procesar y tratar sus traumas.

La posesión por dioses y espíritus es habitual en las ceremonias africanas. Suele producirse con tambores, danzas o ambas cosas. El espíritu que posee a la persona puede exigirle comida, bebida o ropa, o realizar ciertos actos repetitivos. La persona poseída puede no recordar nada de lo que ha hecho durante el trance.

El culto y la veneración de los antepasados son la base de la mayoría de las culturas africanas, y la posesión chamánica ofrece a la gente una forma de canalizar las comunicaciones con y desde sus antepasados. También es una potente forma de unificar a un grupo de personas, como un determinado grupo de edad o una sociedad secreta.

El elemento del trance es especialmente importante en las religiones de origen africano que surgieron en el Nuevo Mundo, como el candomblé y el vudú. En el candomblé brasileño, por ejemplo, una mujer puede disfrazarse de Oshun (Oxúm) de amarillo, con el abanico sagrado en una mano, y bailar la danza de Oshun hasta que siente la presencia inminente de la diosa. Si alguien de la congregación está poseído, los demás miembros del *terreiro* (templo) pueden comunicarse directamente con la diosa a través de ella (o a veces de él).

La adivinación también es común en muchas sociedades africanas y suele realizarla un practicante que podría identificarse como chamán. Existen varias historias sobre cómo se descubrió la adivinación. En la tradición yoruba, la diosa Oshun lleva un collar de conchas de cauri, que simbolizan las dieciséis conchas que se utilizan para la adivinación Erindinlogun. Se las dio su marido Orunmila, el dios de la adivinación. Otros dioses, como Eshu, utilizan nueces de cola. Ya sean bayas o nueces, los objetos se lanzan sobre una tela o un tablero de adivinación, y el adivino interpreta la posición en la que caen.

La adivinación ocupa un lugar tan central en el pensamiento africano que se utiliza incluso en el culto, por ejemplo para determinar si un sacrificio ha sido aceptable para un dios.

No todos los chamanes son buenos. Muchos de los *sangomas* actuales están hartos de ver anuncios clasificados en los periódicos o en Internet de falsos *sangomas* y médiums. Algunos entrenadores de *sangomas* abusan de sus aprendices o los utilizan como sirvientes no remunerados. Otros *sangomas* hacen que sus clientes dependan de ellos y les exigen cada vez más dinero y regalos a cambio de muy poco.

Malí cuenta la saludable historia de un chamán que se dedicaba a la protección. Protegía el ganado de una aldea de un feroz león; a cambio, esperaba que le regalaran de vez en cuando una buena vaca gorda.

Cuando un cazador abatió a un enorme león en las cercanías, los aldeanos respiraron aliviados. Pensaron que ya no tendrían que pagar al chamán. Por precaución, trasladaron sus rebaños al otro lado del río, ya que un chamán no puede cruzar aguas corrientes. Sin embargo, el chamán apareció furioso porque no le habían pagado y se buscó un barquero que lo llevara al otro lado. Los aldeanos se fijaron en los ojos dorados del chamán, sus dientes puntiagudos y su larga melena. De repente, el chamán se transformó en león, se abalanzó sobre la vaca más gorda del rebaño y se la comió entera.

Afortunadamente, el barquero era en realidad un dios local del río que decidió que el león era presa fácil. Llevaba consigo un arco y una flecha mágicos. Los aldeanos no volvieron a tener problemas con los leones que se comían sus vacas.

Conclusión

La mitología africana impregna las culturas africanas. Aunque hay muchas vertientes diferentes de mitos africanos, probablemente se habrá dado cuenta de que muchos mitos reflejan preocupaciones similares o tienen situaciones parecidas. Eshu y Legba no son en absoluto iguales, pero son dioses parecidos con posiciones similares en el panteón. Muchos mitos destacan la enemistad de los hermanastros en un hogar polígamo frente a la solidaridad de madres y hermanas.

Pero los mitos africanos no son solo para los africanos. Muchas de las historias se trasladaron al Nuevo Mundo con los esclavos africanos y ahora constituyen una parte importante de las culturas negroamericanas. Anansi se convirtió en tía Nancy en Jamaica, mientras que los panteones yoruba y fon se importaron al por mayor en el vudú, el vodoún, el vodón y la santería. En Estados Unidos, la liebre embaucadora se convirtió en Br'er Rabbit, que, a través de los libros y luego de la película de Disney *Canción del Sur* en 1949, pasó a formar parte de la cultura estadounidense dominante.

Es interesante que los mitos africanos conserven su fluidez al otro lado del Atlántico. Por ejemplo, en la religión afrocubana, los dioses siguen siendo polisémicos con múltiples personalidades. Esto se conoce como que un *oricha* tiene varios caminos o senderos diferentes. A veces, se mezclan dioses de distintas tradiciones africanas. La mayoría de las religiones americanas de origen africano se han mezclado hasta cierto punto con el catolicismo. Por ejemplo, Oshun suele identificarse con la Virgen María y Ogum con san Antonio de Padua. (Algunos practicantes intentan ahora «purificar» o «reafricanizar» la religión eliminando las referencias católicas).

La mayor parte del arte gráfico y escultórico tradicional africano está relacionado con la mitología. Hay figuras de dioses y espíritus, fetiches de poder y parafernalia ritual, como el tablero de adivinación. El arte africano, que durante el siglo XIX fue tachado de «primitivo» y de no merecer la pena conservarlo, fue descubierto por una generación de artistas entre los que se encontraba Picasso; les mostró nuevas formas de ver las cosas. Apreciar cómo estas obras de arte encajan en el patrón mitológico y ritual, sin embargo, nos impide simplemente apropiarnos de ellas; podemos verlas en su contexto y no solo como «bellas artes».

Y hoy en día, hay una gran cantidad de obras creativas que utilizan los mitos, dioses e historias africanas como telón de fondo. Por ejemplo, en la ciencia ficción y la fantasía contemporáneas, *American Gods*, de Neil Gaiman, el sastre Nancy se inspira en la historia de Anansi. También aparecen otros dioses africanos, como el Sr. Ibis (el dios egipcio Thot) y la diosa Yemoja.

Cada vez son más las personas de color que escriben fantasía y ciencia ficción, y utilizan sus propios orígenes como parte del escenario. Por ejemplo, Aliette de Bodard, residente en París, utiliza la cultura vietnamita en sus intrincadas óperas espaciales. Los escenarios e historias africanos han llegado a la fantasía a través de escritores como la nigeriano-estadounidense Nnedi Okorafor, entre cuyos personajes figuran una bruja albina, Legba, y una araña embaucadora. Ella propugna el «futurismo africano». Jordan Ifueko es otra escritora nigeriano-estadounidense de ficción especulativa. Su libro *Raybearer* crea un mundo futuro con un trasfondo definitivamente africano, aunque no es en absoluto un pastiche de los mitos yoruba.

Los cómics y ahora la televisión han aceptado a África como un socio de pleno derecho en sus mundos. Un gran avance en este sentido fueron las películas *Pantera Negra* (2018) y *Wakanda por siempre* (2022), que cuentan con un superhéroe negro, junto con elementos fuertes y auténticos del vestuario africano, como el sombrero isicholo zulú que lleva la reina madre Ramonda. Las películas han conseguido una audiencia mucho mayor que los cómics e incluso han inspirado a líderes africanos del mundo empresarial y gubernamental a pensar en crear ciudades tecnológicas similares a Wakanda.

Durante los últimos siglos, la mitología griega y romana ha ocupado un lugar de honor. Si observamos el pórtico clásico de la Casa Blanca, veremos hasta qué punto el ideal griego resonaba entre los estadounidenses de la época. Quizá en los próximos cien años veamos mucha más mitología africana e influencias de todo el mundo.

Vea más libros escritos por Enthralling History

BILLY WELLMAN

MITOLOGÍA EGIPCIA

UN APASIONANTE REPASO A LOS MITOS, DIOSES Y DIOSAS EGIPCIOS

ENTHRALLING HISTORY

Bibliografía

Barker, William H. *West African Folk-Tales*. CMS Bookshop, Lagos, 1917.

Barnes, Sandra T & Ben-Amos, Paula. "Benin, Oyo, and Dahomey: Warfare, State Building, and the Sacralization of Iron in West African History". *Expedition Magazine* 25.2 (1983). Penn Museum, 1983.

Burstein, Stanley, ed. *Ancient African Civilizations: Kush and Axum.* Princeton, N.J., 1998.

Chidester, David. Credo Mutwa, *Zulu Shaman: The Invention and Appropriation of Indigenous Authenticity in African Folk Religion.* Journal for the Study of Religion, Vol 15, No 2 (2002) pp/ 65-85.

Diop, Cheikh Anta. *The African Origin of Civilization: Myth or Reality.* New York, 1974.

Diop, Ismahan Soukeyna. *African Mythology, Femininity, and Maternity.* Springer Nature Switzerland. Cham, 2019.

Griaule, Marcel. *Conversations with Ogotemmeli: An Introduction to Dogon Religious Ideas.* Oxford University Press, Oxford. 1965.

Jonker, Ingrid. *A study of how a sangoma makes sense of her 'sangomahood' through narrative.* University of Pretoria, MA dissertation, 2006.

LaGamma, Alisa. *Art and Oracle: African Art and Rituals of Divination.* Metropolitan Museum of Art, New York, 2000.

Lugira, Aloysius M. *African Traditional Religion.* Chelsea House, New York. 2009.

Murphy, Joseph M y Sandford, Mei-Mei. Osun *Across the Waters: A Yoruba Goddess in Africa and the Americas.* Indiana University Press, Bloomington Indiana, 2001.

Nkabinde, Nkunzi Zandile. *Black Bull, Ancestors and Me: My Life as a Lesbian Sangoma*. Fanele, Auckland Park SA. 2008.

Ogundipe, Ayodele. *Eshu Elegbara: Chance, Uncertainly in Yoruba Mythology*. Kwara State University Press, Ilorin, 2012.

Peek, Philip M y Yankah, Kwesi. *African Folklore: An Encyclopedia*. Routledge, New York and London.

Shakarov, Avner, y Senatorova, Lyubov. *Traditional African Art: An Illustrated Study*. McFarland & Company, Jefferson NC. 2015.

Skertchly, J. A. *Dahomey As It Is: Being A Narrative of Eight Months' Residence in That Country, With a Full Account of the Notorious Annual Customs*. Chapman & Hall, London, 1874.

Passé, Présent et Futur des Palais et Sites Royaux d'Abomey. Getty Conservation Institute, Los Angeles. 1999.

Wallis Budge, Ernest Alfred. *Legends of the Gods*. London, 1912.

Žabkar, Louis V. *Hymns to Isis in Her Temple at Philae*. Brandeis University Press. 1988.

www.ingramcontent.com/pod-product-compliance
Lightning Source LLC
LaVergne TN
LVHW051755080426
835511LV00018B/3323

9798887654089